차례
Contents

03 머리말 05 초기 비잔틴제국의 발전과 번영 25 유스티니아누스 1세 이후의 비잔틴제국 64 비잔틴제국의 제도와 문화 81 비잔틴제국의 역사적 공헌

비잔틴제국
천 년의 명암

차례
Contents

03 머리말 05 초기 비잔틴제국의 발전과 번영 25 유스티니아누스 1세 이후의 비잔틴제국 64 비잔틴제국의 제도와 문화 81 비잔틴제국의 역사적 공헌

머리말

 로마제국이 동로마제국과 서로마제국으로 분열한 뒤, 서로 마제국은 476년에 멸망했으나 동로마제국은 무려 천여 년이나 더 지속하다 1453년에 오스만제국에 멸망했다. 분열 이후 라틴적 성격이 옅어지면서 점차 그리스적 국가로 변신해 갔기 때문에 비잔틴제국이라 부르지만, 전성기인 6세기 초와 중엽에는 분열 전의 로마제국에 비견할 수 있을 정도로 강력한 국력을 자랑했다. 제국은 이탈리아반도, 북아프리카, 이베리아반도 등지를 정복했고, 10세기 말에서 11세기 초에는 중동의 시리아, 팔레스타인, 이집트까지 영역을 넓혔다.

 하지만 비잔틴제국은 북쪽과 동쪽의 적들에게 시달리면서부터 국력이 빠르게 약화되었다. 무함마드의 이슬람세국이 승동은 물론 북아프리카와 지중해를 장악하면서부터 비잔틴제국은 줄곧 방어하는 데 급급해야 했다. 거기다 제4회 십자군 이후에는 비잔티움을 비롯한 제국의 중심부를 십자군에게 넘겨주어야 했다. 이러한 외환뿐만 아니라 권력투쟁을 비롯한 내부 대립과 모순 역시 외환과 함께 천 년 제국을 무너뜨렸다.

서구 가톨릭교 세계의 일부 역사가들이 평가했듯이, 비잔틴제국은 과연 차원이 낮은 제국(le Bas-Empire)에 지나지 않았을까? 대체로 허약했던 비잔틴제국이 천 년의 역사를 자랑할 수 있었던 힘은 무엇이었으며, 그 천 년의 역사를 통해 인류 역사에 이바지한 점은 무엇일까?

비잔틴제국은 이름에 어울리지 않게, 위용을 과시하기보다는 내분과 외침에 시달리는 경우가 더 많았다. 하지만 제국은 고대 그리스문화를 보전하면서 빛나는 '비잔틴문화'를 창조했다. 제국의 동방정교회는 '성상파괴운동' 등으로 시련을 겪기도 했지만, 슬라브족을 개종하게 함으로써 슬라브족은 물론 기독교 역사에 의미 있는 역할을 했다.

초기 | 비잔틴제국의 발전과 번영

비잔틴제국의 탄생

비잔틴제국은 로마제국이 395년에 테오도시우스가 사망 한 뒤 동로마와 서로마로 분열된 후 제국의 동쪽을 차지한 동로마제국이다. 일부 역사가들은 비잔틴제국의 뿌리를 디오클레티아누스 시대로까지 올려 잡는다. 그들은 디오클레티아누스가 제국을 동부와 서부로 나눔으로써 동부 지역의 독자성을 인정한 것, 거기다 황제 자신이 동부의 니코메디아에 거주한 것, 그리고 동방과 같은 전제군주제와 관료제를 채택한 것 등에 주목한다.

하지만 비잔틴제국(동로마제국)의 역사는 콘스탄티누스 1세가 로마제국의 수도를 로마에서 콘스탄티노플로 옮긴 330년에 시작되었다고 해도 좋을 것이다. 콘스탄티누스는 트로이와 살로니카를 버리고 그리스 식민지 비잔티움을 새 수도로 택해 제국의 새로운 중심지로 삼았다. 그는 또한 기독교를 공인하는 등 친親기독교적 정책을 펴 – 뒷날 비잔틴제국의 한 특징이 되지만 – 국가와 교회가 밀접한 관계를 맺게 했다.

비잔틴제국은 서로마제국이 역사의 무대에서 사라진(476) 뒤에도 천여 년을 더 버텼지만, 유스티니아누스 1세와 10~11세기의 마케도니아 왕조 시대를 제외하고는 우세한 힘으로 주변 민족들과 나라들을 압도한 '로마'라는 이름에 어울리지 않게 허약한 나라로 존속했다.

한편 동로마제국은, 그리스 고전문화를 토대로 독특한 문화를 창조했고, 라틴의 색채 대신 그리스의 색채가 점차 짙어져서, 역사가들은 수도 비잔티움의 이름을 따서 '비잔틴제국'으로 부른다. 말하자면 비잔틴제국은 로마제국의 동쪽이었지만 로마 세계와는 다른 전통 위에서 그리스 문화를 발전시킨 동방의 제국이었다는 것이다. 오늘날 이스탄불이라 부르는 비잔티움은 신화적인 건설자 '비자스'의 이름에서 유래했다.

로마제국의 분열은 정치적 분열일 뿐만 아니라 역사와 문화를 달리하는 두 세계로 환원된 것이라 할 수 있다. 콘스탄티누스가 콘스탄티노플로 제국의 수도를 옮긴 뒤 제국의 중심이 동방으로 이동했고, 특히 제국이 분열된 이후 동방은 고전문화를 창조한 그리스를 중심으로 독자적 역사와 문화를 발전시켜 갔다.

사실 비잔틴제국에서는 처음부터 그리스의 색채가 농후했다. 비잔틴제국의 상류층 그리스인들은 분열된 이후에도 한동안 자신들을 헬레네스(고대 그리스인들이 자신들을 부른 전통 용어)라 부르지 않고 '로마이오이Romaioi' 즉 로마인이라 불렸고, 공용어 또한 라틴어였지만 보통 그리스인들은 대개 그리스어를 사용한 데다, 점차 그리스인이 라틴 출신 황제를 대신해 제위를 차지하게 되었다. 따라서 공용어도 차차 라틴어에서 그리스어로 바뀌어 갔다. 그리하여 7세기에 이르면 동로마제국은 형식과 내용 모두에서 그리스적 색채를 완연히 띤 동방적 제국이 되었다.[1] 비잔틴제국에서 신학 논쟁이 왕성하게 일어난 것도 그리스의 전통과 무관하지 않을 것이다.

게르만족의 침략을 이겨 낸 비잔틴제국

비잔틴제국의 초기 역사와 관련해 우선 주목해야 할 점은 서로마제국이 게르만족의 침략에 견디지 못하고 무너진 데 반해 비잔틴제국은 무너지지 않았다는 것이다. 비잔틴제국은 북부는 물론 비잔티움까지 위협한 게르만족의 침략을 이겨 내고 국가를 보전했다. 비잔틴제국이 게르만족의 침략에 무너지지 않은 것은 다음의 몇 가지 유리한 점 때문이었다.

역사가들은 우선 비잔틴제국의 동부 지역을 중심으로 농업의 발진과 함께 도시화가 신척되어 산업이 비교적 균형 있게 발전했고, 인구가 특정 지역에 밀집되었다는 것에 주목한다. 말하자면 농업, 상업, 제조업이 균형을 이루어 안정되게 발전했다는 것이다. 거기다 인구가 특정 지역에 밀집되어 있는 상황은 그렇지 않는 경우보다 당시에는 적군을 방어하기에 훨씬 유리했다. 비잔티움, 에페수스, 안티오키아, 칼케돈 등은 많은 인구를 가진 번영하는 도시들이었다. 전성기의 비잔티움은 50만에서 100만의 인구를 자랑했다고 한다.

한편 비잔틴제국 북쪽의 도나우강 국경은 서로마제국의 라인-도나우강 국경보다 짧아 제국이 게르만족에게 덜 노출되었다. 또한 도나우강과 지세가 험한 발칸산맥이 훌륭한 요새 역할을 해주었다. 보스포러스해협과 다다넬즈해협은 흑해나 지중해에서 수도 비잔티움에 접근하는 길을 쉽게 열어 주지 않았다. 그리고 육지 쪽으로도 해자垓字를 가진 두 개의 넓고 높은 성벽이 있어 게르만족이 수도에 쉽게 침략할 수 없었다. 성탑 96개와 성문 11개를 가진 두 성벽은 높이가 각각 약 60m와 30m나 되었다. 또한 비잔티움의 동쪽은 넓은 곳은 폭이 11km에 달하는 금각만이 방어해 주었는데, 전쟁이 일어나면 금각만에 철책을 설치했다. 따라서 비잔티움은 고대와 중세의 무기와 전술로는 쉽게 공략할 수 없는 요새 같았다.

비잔틴제국은 요새 중심의 방어책를 폈기 때문에 침략자들에게 영역을 빼앗겨도 곧 되찾을 수 있었다. 뿐만 아니라 발칸반도와 소아시아 두 곳이 비잔틴제국의 중심지였기 때문에 어느 한 지역을 잃어도 나머지 한 지역을 보전할 수 있었다. 한

편, 제국의 동부 지역에 살고 있는 자유 신분의 자립적 소농 및 중산층 상인과 장인들은 제국의 경제적 번영과 군사력의 중추 역할을 했다.

사실 5~6세기 전후 비잔틴제국의 주요한 적은 게르만족이 아니라 그들보다 덜 탐욕스런 페르시아였다. 서로마제국을 무너뜨린 게르만족은 페르시아인들에 비해 더 호전적이었고 또한 땅을 차지하기 위해 더 안간힘을 쓴 것으로 평가된다. 거기다 게르만족들은 여러 방향에서 쳐들어온 데 반해 비잔틴제국과 페르시아의 싸움은 일정한 전선을 따라 이루어졌다. 말하자면 비잔틴제국은 운 좋게도 더 호전적이고 탐욕스런 게르만족의 주된 목표물이 아니었다는 것이다. 그리하여 비잔틴제국은, 뒷날 아랍-이슬람제국의 침략에 줄곧 시달리다 결국 오스만 투르크족에게 망했지만, 적어도 게르만족의 침략에는 살아남을 수 있었던 것이다.

유스티니아누스 1세: 로마제국 재건

비잔틴제국 초기에 황금시대를 연 황제는 유스티니아누스 1세(재위 527~565)였다. 사실 그를 빼놓고는 초기 비잔틴제국의 역사를 말할 수 없다. 527년부터 40여 년 간 제국을 통치한 유스티니아누스는 지중해를 다시 로마(비잔틴)제국의 호수로 만들고 기독교 세계를 다시 통일하려는 원대한 야망을 실현하기 위해 노력했나.

유스티니아누스는 북아프리카의 반달족, 이탈리아반도의 동고트족, 이베리아반도의 서고트족 일부를 정복하고 페르시아를 눌러 완전하지는 않았지만 지중해 세계를 다시 통일하고 기독교 교회를 통합했다. 라틴적 제국 시대를 대표한 그는 로마법을 편집하고 공공건물을 짓는 등 문화에서도 이른바 '유스티니아누스 르네상스'를 연출했다.

유능한 신하들

유스티니아누스가 '니카의 반란'을 진압해 제위를 지켰을 뿐만 아니라 로마제국의 재건과 기독교 교회의 통합이라는 두 가지 거대한 과업을 어느 정도 달성할 수 있었던 것은 황후를 비롯한 유능한 인물들의 도움을 받았기 때문이다. 유스티니아누스처럼 충성스럽고 재능이 뛰어난 신하들의 보필을 받고 게다가 지혜롭고 이성적인 황후의 헌신적인 도움을 받는 경우란 그리 흔하지 않을 것이다.

황제의 가장 훌륭한 조력자는 황후 테오도라였다. 동물 조련사의 딸 테오도라는 한때 알몸으로 춤을 추는 무희로 일했으며 고급 매춘부였다는 기록도 있다. 하지만 황후가 된 뒤 테오도라는 유능하고 신실하며 헌신적인 데다 타고난 예지와 정치 감각을 발휘함으로써 황제에게 없어서는 안 될 조언자가 되었다. 중용적이며 현실적인 테오도라는 야심만만하고 이상주의적인 황제의 훌륭한 반쪽이었다. 테오도라를 몹시 비판한 프로코피우스마저 그녀의 재능을 칭송했다고 한다.

유스티니아누스는 또한 훌륭한 장군과 뛰어난 재정가와 법률가들의 보좌를 받았다. 황제의 재정가 존은 황제가 과업을 수행하는 데 필요한 자금에 대해 염려하지 않게 해주었다. 그는 비도덕적 인물이었지만 세금을 징수하는 데는 뛰어난 솜씨를 발휘했다. 황제의 가장 뛰어난 장군은 베리사리우스였다. 탁월한 재능을 자랑한 베리사리우스는 여러 차례 황제에게 값진 승리를 안겨 주었다.

또한 환관 출신의 충직한 나르세스는 장관으로 일하던 때는 별다른 재능을 발휘하지 못했지만 이탈리아 정복에서 큰 공을 세웠다. 그는 황제의 이탈리아 총독으로 생을 마쳤다. 훌륭한 학자인 트리보니아누스는 유스티니아누스의 기념비적인 법전 편찬을 지휘했다. 그 밖에도 트랄레스의 안테미우스와 밀레토스의 이시도루스 같은 건축가들은 장엄한 성소피아성당을 설계하고 감리했다.

니카의 반란

유스티니아누스의 원대한 야망은 곧 완강한 저항을 불러와 그를 위기에 빠뜨렸다. 황제의 장엄한 계획은 백성들에게 과중한 세금과 지나친 희생을 요구했기 때문이다. 뿐만 아니라 황제는 불가능해 보이는 그의 꿈을 실현하기 위해 강압적인 통치도 마다하지 않았다. 결국 532년 1월에 '니카의 반란'이 일어났고, 황제는 즉위 6년여 만에 삶을 도모하기 위해 궁궐을 탈출해야 할 위기에 처했다. (폭도들이 '승리' 혹은 '정복'을 의미

하는 '니카nika'를 구호로 삼아 외쳤기 때문에 니카의 반란이라 부른다.)

청당淸黨과 녹당綠黨이라 부르는 파당 사이의 경쟁이 니카의 반란을 촉발했지만, 백성들의 주머니를 터는 일에서 지나치게 가혹했던 재정보좌관 존과 법학자 트리보니아누스도 반란이 일어나는 데 큰 몫을 했다. 반란은 청당과 녹당이 히포드롬(원형의 전차 경기장)에서 황제에 반대하는 시위를 하면서 시작되었다. 그리고 반란 세력은 급기야 수도를 장악했다. 궁궐이 폭도들에게 포위된 절망스런 상태에서 황제와 신하들은 탈출을 시도했다.

니카의 반란은 황후 테오도라에게 능력을 발휘할 기회를 주었다. 신하들은 궁궐을 포기하고 도주하라고 권고했지만 테오도라는 황제로 하여금 궁궐을 사수하도록 설득했고, 결국 황제와 그의 지지자들은 반란을 진압했다. 폭도들에게 포위된 절박한 상황에서 테오도라는 황제에게 폭도에 굴복하느니 차라리 자포紫袍, 곧 황제의 옷을 입고 죽는 것이 낫다고 말하면서 황제와 신하들의 결단을 촉구했다고 한다. 다음은 프로코피우스가 전하는 테오도라의 감동적인 연설이다.

황제가 되어 본 사람에게 도망가는 것은 견딜 수 없는 수치입니다. 나는 도저히 이 자줏빛 어의御衣를 벗어 던지지 못하겠습니다. 또 나를 만나는 자가 나를 황후로 받들지 않는다면 차라리 죽는 것이 낫습니다. 황제시여, 당신이 지금 살아남길 바란다면, 우리는 돈이 많고 바다가 있고 배가 있으니 도망치기는 어렵지 않습니다. (중략) 하지만 저로서는 어의가 곧 훌륭한 수의壽衣라는 옛말을 따르고자 합니다.[2]

 황제는 탈출 계획을 포기하고 궁궐을 사수하기로 했다. 그 사이 나르세스는 반란 세력을 분열시키기 위한 협상에 나섰고, 베리사리우스는 소수의 정예병을 지휘해 히포드롬으로 진격해 반란군을 포위했다. 베리사리우스의 병사들은 포로가 되지 않기 위해 좁은 출입구로 몰려드는 무장하지 않은 폭도들을 무자비하게 살해했다. 결국 반란의 배후 세력도 무너졌고, 황제는 마침내 반란을 진압해 어려운 난국을 이겨냈다.
 역사에서 가정은 성립되지 않지만 때로는 가정이 이해를 돕기도 한다. 황제에게 용기를 되찾게 한 황후가 없었다면 비잔틴제국의 첫 황금시대도 존재하지 않았을 것이고, 로마법전이나 성소피아성당도 현존하지 않았을지도 모른다. 황제는 니카의 반란을 성공적으로 진압함으로써 정적을 제거할 수 있었고, 이후 반대 세력으로부터 심각한 도전을 받지 않고 국정을 수행할 수 있었다.

로마제국의 재건

 숙부 유스티누스 1세(재위 518~527)를 황제로 옹립하는 데 일정한 역할을 한 유스티니아누스는 유스티누스가 죽자 1인 지배자가 되었다. 즉위한 뒤 곧바로 로마제국의 재건이라는 장엄한 사업을 시작한 그는 내분으로 약화된 반달족, 시고트족, 동고트족을 차례로 정복했다. 그리하여 유스티니아누스를 '고트족의 정복자'라 부르기도 한다. 당시 반달족과 동고트족, 서고트족은 원주민과 로마제국의 유민인 가톨릭교도들에게 배척당한 데다 지배층이 분열해 다투었으므로 로마제국에 침입할 때나 건국 초기와 같은 군사적 힘을 발휘할 수 없었다.

유스티니아누스는 북아프리카를 첫 정복지로 삼았다. 당시 반달족의 왕국은 서로마제국이 멸망하고 아직 아랍-이슬람제국이 등장하지 않은 힘의 공백 상태에서 지중해 세계 최대의 해군력을 자랑했다. 그들은 비잔틴제국의 레오 1세가 468년에 파견한 함대를 격퇴하는 데 성공했다. 하지만 반달왕국은 지배층의 내분과 국왕의 실정으로 정국이 불안했다.

박해받던 원주민과 반정부 세력을 지원하는 등 침공을 준비해 온 유스티니아누스는 533년에 공격을 결행했다. 1만 8천 명의 군대를 지휘한 베리사리우스는 반달왕국의 해군을 피해 시칠리아를 경유해 북아프리카로 쳐들어갔다. 제국의 군대는 두 차례의 전투에서 큰 승리를 거두었고, 결국 항복한 반달의 국왕 게리메르는 포로가 되어 비잔티움으로 압송되었다. 그 후에도 반달족은 여러 차례 반란을 일으키는 등 저항했으나 548년 이전에 제국에 완전히 장악되었고, 크고 작은 섬들도 제국의 땅이 되었다.

반달왕국을 정복한 뒤 이탈리아반도를 차지하고 있던 동고트왕국을 노리고 있던 유스티니아누스 1세는 결국 좋은 기회를 얻었다. 국왕 테오도릭이 아들을 남기지 못하고 죽은(526)

뒤 일어난 동고트왕국의 혼란 상태가 그에게 기회를 주었다. 테오도릭의 딸 아말라순타는 나라 안에 비잔틴을 반대하는 기운이 감돌았지만 유스티니아누스에게 원조를 청했다. 하지만 즉각 응하지 않고 때를 기다리던 유스티니아누스는 535년에 아말라순타가 동고트족 민족주의자들에게 살해되자 함대를 파견했다.

유스티니아누스는 군대를 둘로 나누어 해로로 시칠리아를 경유해 이탈리아반도로 침공하고 육로로 달마티아를 경유해 이탈리아로 쳐들어가게 했다. 달마티아를 경유한 군대는 작전에 성공했으나 해로를 통한 침공 작전은 어려움을 겪었다. 베리사리우스 휘하의 전사들은 시칠리아를 경유해 이탈리아반도 남단을 공격했으나 동고트왕국의 완강한 저항에 부딪혔다. 그때 동고트왕국에선 유약한 왕 테오다하드가 쫓겨나고 호전적인 위티기스가 국왕으로 군림했다.

베리사리우스 휘하의 군대는 대군은 아니었으나—유스티니아누스는 반란에 대한 막연한 두려움 때문에 그에게 대군을 지휘하는 기회를 주지 않으려 했다— 결국 시칠리아, 나폴리, 로마 등을 점령하는 데 성공했다. 거기서 멈추지 않고 북진하여 540년에는 라벤나를 손에 넣은 베리사리우스는 비잔티움에 당당하게 개선했다. 사로잡힌 위티기스도 비잔티움으로 압송되었다. 베리사리우스가 개선한 뒤 동고트족은 더 호전적인 토틸라를 새로운 왕으로 옹립하고 저항을 계속했다. 하지만 유스티니아누스는 페르시아의의 싸움과 신학 논생 때문에 낭

시에는 그들을 적절히 응징하지 못했다.

유스티니아누스는 15여 년 뒤에 충직한 신하 나르세스에게 대군을 이끌고 서쪽으로 진격하도록 했다. 충분한 군사력과 교묘한 외교를 통해 나르세스는 동고트족을 굴복하게 만들고, 북부 이탈리아를 탐내던 프랑크족을 축출하는 데에 성공했다(554~562). 그리하여 라벤나와 펜타폴리스 이남의 이탈리아반도, 시칠리아, 달마티아는 비잔틴제국의 영토로 편입되었고, 나르세스는 제국의 이탈리아 총독이 되었다. 황제의 군대는 거기서 멈추지 않고 서쪽 지중해 연안과 주변의 섬들을 대부분 장악했다. 코르시카, 사르디니아, 발레아즈제도, 그리고 모로코 북쪽의 세프템도 비잔틴제국의 영역에 포함되었다.

비잔틴제국은 동고트왕국을 완전히 정복하기 전에 이베리아반도로 진출하는 기회를 잡았다. 서고트왕국이 547년에 세프템을 공격했다. 하지만 당시 서고트왕국은 왕위 계승 분쟁에 이어 가톨릭교도들이 주축이 된 반란에 시달렸다. 말하자면 내분에 휩싸인 이베리아반도가 비잔틴제국에게 좋은 기회를 주었던 것이다. 반대 세력의 심각한 저항 때문에 흔들리던 서고트왕국의 지배자 아타나길드가 제국에 원조를 요청했다. 유스티니아누스가 파견한 제국의 군대는 554년에 이베리아반도X 유쪽에 거점을 마련했다.

그리하여 유스티니아누스는 완전하지는 않았지만, 그리고 국가의 재정을 궁핍하게 했지만 지중해를 다시 '로마의 호수'로 만들었다. 그가 '고트족[동·서고트족]... 프랑크족[이탈리아

안의]... 안테스[남부 러시아의 슬라브계 유목 부족의 연맹체],
반달족, 아프리카인들...의 지배자'3)로 자부한 것은 결코 과장
이 아니었다.

페르시아와의 화전 정책

유스티니아누스대제는 서쪽으로 진출하기 전에 우선 동방
의 페르시아와 어떤 식으로든 관계를 설정해야 했다. 그는 동
방과 서방에서 동시에 전쟁을 하는 위험한 사태를 피하기 위
해 해마다 조공을 납부하는 굴욕마저 감수하면서 532년에 페
르시아와 '영구적 평화조약'을 체결했다. 하지만 황제의 군대
가 북아프리카와 이탈리아반도에서 연이어 승리하자 페르시
아는 평화조약에만 매달릴 수 없었다. 지중해와 흑해로 진출
하려고 하는 페르시아로서는 나날이 세력이 커 가는 비잔틴제
국을 그냥 두고 볼 수만은 없었다.

사산조 페르시아의 코스라우 1세는 비잔틴제국이 동고트왕
국 작전에 매진하고 있던 시기에 평화조약을 깨뜨렸다(540).
페르시아는 이후 20여 년에 걸쳐 제국의 식민지인 시리아와
흑해 동남부를 공격했다. 하지만 비잔틴제국은 베리사리우스
같은 장군들의 활약으로 페르시아군을 물리칠 수 있었고, 유
스티니아누스와 코스라우는 다시 평화로운 관계를 회복했다
(561~562). 그리하여 페르시아는 흑해 남동쪽 연안에서 퇴각했
고, 비잔틴제국은 다시 페르시아에 조공을 바쳤다.

사산조 페르시아

여기서 잠시 사산조 페르시아에 대해 간략히 살펴보기로 하자. 사산조 페르시아는 어떤 나라였을까? 페르시아는 마라톤전투와 살라미스해전으로 유명한 페르시아전쟁을 일으킨 나라다. 페르시아가 알렉산드로스대왕에게 패망한 이후 현재의 이란-이라크에서는 강력한 힘을 가진 나라가 등장하지 않던 중 서기 3세기에 이르러 파르티아와 사산조 페르시아가 출현했다.

3세기에 이란 북부에서 건국해 세력을 떨친 파르티아(安息)는 한때 시리아의 셀레우코스를 압박했는가 하면 로마제국에 대항해 싸우기도 했다. 하지만 얼마 지나지 않아 사산조 페르시아에 무너졌다.

아르다시르 1세는 조로아스터교를 신봉한 이란인들을 결속해 파르티아를 꺾고 사산조 페르시아를 세웠다(226). 바그다드 북쪽 약 32km 거리의 크테시폰을 수도로 삼은 새 페르시아는 이후 서쪽으로는 비잔틴제국을 압박하고, 남쪽으로는 아라비아반도 남부를 손에 넣었으며, 동쪽으로는 중앙아시아까지 진출했다.

'왕들의 왕'이라는 별명을 얻은 아르다시르 1세를 이은 샤푸르 1세(재위 241~272)는 즉위 후 바로 메소포타미아에서 로마제국의 황제 고르디아누스 3세(재위 238~244)를 물리쳤다. 전쟁 중에 고르디아누스 3세를 살해하고 황제가 된 필리푸스(재위 244~249)는 메소포타미아와 아르메니아를 페르시아에 넘겨주는 조건으로 페르시아와 강화조약을 맺었다. 샤푸르는 그 후에도 발레리아누스(재위 253~260)가 지휘한 로마군을 물리치고 소아시아와 안티오키아를 점령했다(251~252). 뿐만 아니라 에데사에서 발레리아누스를 포로로 잡는 데 성공한 샤푸르는 안티오키아를 '군데샤푸르Gunde-shapur(안티오키아보다 훌륭한 샤푸르의 도시)'로 고쳐 불렀다.

사산조 페르시아는 호스로 1세(재위 531~579) 시대를 전후해 전성기를 누렸는데, 비잔틴제국의 경우 유스티니아누스 1세 때였다. 당시 페르시아의 상선들이 인도양을 거쳐 남중국해까지 진출했는가 하면 남아라비아를 차지한 뒤에는 페르시아인들이 아프리카 동해안-페르시아만-인도양-남중국해를 잇는 무역로를 장악하고 중계무역을 활발하게 펼쳤다.

크테시폰의 궁궐에는 여러 나라의 사신들이 왕래했는데, 그 중에는 국서國書를 지참한 중국 사신도 있었다. 따라서 중국의 『위서魏書』「서역전」과 『수서隋書』「서역전」에 사산조 페르시아에 관한 기록이 나오는 것은 놀라운 일이 아니다. 예상할 수 있는 일이지만, 그 무렵의 페르시아는 법제와 군제를 갖추고 산업을 장려했는가 하면 비잔틴과 인도의 문화를 받아들여 수준 높은 문화를 창조했다.

페르시아는 기원전 6세기 무렵에 창시된 조로아스터교4)를 국교로 삼았지만 다른 종교도 배척하지 않았다. 그리하여 유대교, 아리우스파와 네스토리우스파 기독교, 불교 등이 전래되어 종교적으로 혼란스러웠다. 그래서 통합 운동의 일환으로

마니교가 창시되었는데, 그로 인해 페르시아는 점차 약해지기 시작했다.

마니가 240년에 창시한 마니교는 조로아스터교를 바탕으로 불교와 기독교 등을 융합했다. 마니교는 특히 조로아스터교의 이원론, 그리고 그리스철학과 융합하려 한 그노시스파 기독교의 우주론에 영향을 받아 물질적 생활을 멀리하는 금욕주의를 지향했다.

하지만 세월과 더불어 마니교와 조로아스터교의 대립이 격화되면서 페르시아 사회는 종교적 혼란에 빠져들었다. 종교 혼란은 정치 혼란으로 이어졌고, 호스로 2세(재위 591~628) 이후 줄곧 약화의 길을 걷던 페르시아는 7세기 중엽에 아라비아 반도를 중심으로 강력한 제국을 건설한 무함마드의 이슬람제국에게 정복당했다(651).

종교 정책과 황제교황주의

유스티니아누스 1세는 그 밖에도 법전을 편찬하고 성소피아성당을 짓는 등 많은 업적을 남겼으나, 여기서는 그의 종교정책을 간략히 살펴보기로 한다. 유스티니아누스는 흔히 '황제교황주의(Caesaropapism)'의 창시자로 평가받는다. 하지만 그는 종교 부분에서는 군사나 외교 영역에서 만큼 성공하지 못했다.

황제교황주의 혹은 황제의 교회 지배는 전혀 근거 없는 이야기는 아니지만 많이 과장되어 있다. 성상聖像 사용을 금지한 황제들을 비롯해 역대 황제들은 종교 문제에 깊이 개입했으나 대개 당초의 목적을 달성하지 못했다. 때로는 로마교회나 제국의 교회로부터 이단이라는 비난을 받기도 했다.

종교 통합을 추구한 유스티니아누스는 우선 종교회의를 통해 설득하는 데 주력했다. '삼장서三章書' 사건도 단성론單性論자들과의 융합을 시도하는 과정에서 일어났다. 후대의 황제들도 그렇게 했지만 그는 종교 문제에 깊은 관심을 갖고 교리 분쟁에 개입했으며 종교적 법률을 제정했다. 삼장서 문제와 관련해 553년에 제5차 종교회의(2차 콘스탄티노플 종교회의)를 소집한 바 있지만, 그도 종교회의를 종교 문제를 해결하는 중요한 도구로 삼으려 했다.

하지만 유스티니아누스 1세는 종교 분야에서는 별다른 성공을 거두지 못했다. 물론 황제의 종교 정책은 기독교의 교세를 확장하고, 교회 행정을 개선하며, 그리스도의 본성에 관한 논쟁을 종결지으려는 그의 의지와 책임감에서 비롯했다. 사실 유스티니아누스는 신학 문제에 큰 관심을 가졌다. 그의 시대에 제정된 법률 중 다수는 이단이나 이교에 대한 조처 혹은 교회와 수도원의 일 등 대개 종교 문제를 다루었다. 황제는 542~543년에 팔레스타인의 수도원들에 널리 퍼진 오리젠의 가르침을 금지했다. 오리젠은 기독교와 플라톤주의를 당시의 신플라톤주의 방식으로 결합하려 했다. 또한 황제는―고전의 전통과 가치를 인정하면서도―아테네의 유명한 철학 학교에서 이교도 교사들을 모두 추방했다. 신학 문제와 관련해 유스티니아누스가 가장 큰 관심을 가진 것은 인간성과 신성의 공존을 확인한 칼케돈 공의회의 정통 교리와 그리스도의 신성만을 인정한 단성론 사이의 싸움이었다.

그 무렵 이민족의 침략 못지않게 비잔틴제국을 짓누른 것은 지역주의와 인종주의로 심화된 이단 문제였다. 비잔틴제국의 속주였던 시리아와 이집트는 정치에서도 줄곧 제국의 지배에 저항했을 뿐만 아니라 종교에서도 제국의 보편 교리에서 벗어나 있었다. 시리아에서는 제국의 정부와 교회가 조직을 정비하기 전까지 네스토리우스파가 우세했고, 이집트에서는 예수의 신성만을 인정하는 단성론이 우세했다.

이집트와 시리아 사람들은 비잔티움교회에 맞서 독자적 총대주교를 두기도 했다. 비잔티움의 황제와 총대주교들은 두 지역을 정통파 교회로 통합하려 했으나 성공하지 못했다. 그들 중 일부는 한발 물러서서 중간 입장을 취하려 했으나 오히려 신학 논쟁만 더욱 불붙게 했을 뿐이었다.

예컨대 그리스도의 양성에 대한 자세한 설명 없이 '단일성'으로 규정한 황제 제노의 칙령(480)과 헤라클리우스의 단성론이 일으킨 논쟁이 그것이다. 종파 간의 대립은 단성론자인 아나스타시우스(재위 491~518)가 황제로 즉위해 정통파가 우세한 수도 비잔티움의 주인이 되면서 더욱 격화되었다. 아나스타시우스는 단성론을 지지했기 때문에 제국의 통치에 심각한 장애를 받았을 뿐만 아니라 여러 차례 심각한 반란을 겪기도 했다. 그처럼 시리아와 이집트 등에서 널리 수용된 단성론은 비잔티움을 중심으로 대두하던 민족주의 정서 및 반정부 정서와도 연결되었다. 역시 단성론 지지자였던 유스티니아누스와 황후 테오도라는 제국 동부 지역의 지지자들을 잃지 말아야 했지만 또한 그 때문에 로마교회와 서방세계에서 멀어지는 상황도 받아들일 수 없었다. 그리하여 황제는 양쪽을 융합하려 했고, 그 과정에 등장한 것이 이른바 544년의 '삼장서' 논쟁이다. 황제는 콘스탄티노플 종교회의에서 네스토리우스 교리와 연결되었다는 구실로 몹수에스티아의 주교 테오도로, 키루스의 주교 테오도레트, 에데사의 주교 이바스가 쓴 글들을 비판한 다음 다시 칙령을 내려 그들의 죄를 물었다.

하지만 세 사람에 대한 평판이 높은 데다 단성론자들이 황제의 조처에 강력히 저항했다. 서방 교회는 황제의 칙령을 강력히 비난한 데 반해 동방의 주교들은 지지했다. 비잔티움에 소환된 교황 비길리우스는 황제의 정책을 지지할 경우 자신이 로마교회는 물론 서방세계 전체로부터 배척받을 것임을 알았다. 황제의 삼장서에 대한 압박은 정통 교파들이 보기에도 지나쳤던 것이다. 결국 553년에 열린 비잔티움 종교회의는 칼케돈 종교회의의 입장을 다시 확인하고 삼장서를 비난했다. 그리하여 삼장서 문제는 종결되었으나 유스티니아누스는 그 사건으로부터 아무것도 얻지 못했다.

유스티니아누스는 말년에 이르러 공적인 일에서 어느 정도 벗어나 신학 문제에 몰두했다. 심지어 그는 564년 말에 그리스도의 몸은 썩지도 않고 아픔을 느끼지도 않는다는 내용의 칙령을 내려 이단에 빠져들기도 했다. 그것은 즉각 저항을 불러일으켰으며, 많은 성직자들도 거부했다. 결국 황제의 죽음이 그 문제를 해결했다. 교회를 통제하려는 의지가 무척 강했고, 또 종교 문제에 깊이 개입했기 때문에 유스티니아누스 1세는 '황제교황주의'로 묘사되는 정책을 편 비잔틴제국 황제 중의 한 사람이 되었다.

유스티니아누스 1세 이후의 비잔틴제국

유스티니아누스 이후의 침체

유스티니아누스 1세 사후 비잔틴제국은 빠른 속도로 약해져 갔다. 종교적으로 분열해 대립하는 중에 발칸반도 북부의 민족들이 침입했으며, 유스티니아누스 때 얻은 서쪽의 영토는 크게 줄어들었다. 제국이 이처럼 흔들리자 롬바르디아족이 때를 놓치지 않고 이탈리아반도로 쳐들어왔다. 해안 요새와 남부 일부를 제외한 이탈리아반도는 이제 롬바르디아의 땅이 되었다(568). 이베리아반도 또한 624년에 이르러 서고트족에게 넘어갔으며, 북아프리카의 땅도 해안 지대로 축소된 데다 원주민의 침략에 시달려야 했다.

그 뿐만이 아니었다. 비잔틴제국은 동쪽에서도 넓은 영토를 잃었다. 유스티누스 2세(재위 565~578)가 조공을 거부하자 페르시아는 평화조약을 깨뜨리고 비잔틴제국을 공격했고, 제국은 북부 메소포타미아를 빼앗겼다. 이후 제국은 티베리우스 2세(재위 578~582)와 마우리스(재위 582~602) 치세 중에 잠깐 동안 안정기를 누렸으나 다시 혼란에 빠졌다. 마우리스는 군대의 쿠테타로 쫓겨났고, 백인대장百人隊長 출신의 포카스가 제권을 장악했다(602). 하지만 불행하게도 포카스의 치세(602~610) 중에 제국은 내적 질서와 외적 방어체제가 동시에 무너지는 혼란에 빠졌다. 페르시아가 소아시아를 지나 수도 비잔티움 맞은편의 칼케돈까지 진출했고, 발칸반도 북쪽에서도 이민족들이 제국을 압박했다.

북쪽에서 비잔틴제국을 가장 괴롭힌 집단은 주로 불가리아인과 슬라브인들이었다. 유럽 토착 인종인 슬라브족은 6세기에 처음 나타난 뒤 점차 발칸반도로 남하했다. 도나우강 남쪽까지 진출한 슬라브족은 훈족의 한 부족이었던 불가르족에게 정복당했으나 나중에는 그들을 흡수해 버렸다. 불가리아인들은 결국 슬라브인에게 흡수되어 10세기 무렵에는 그들에게서 아시아의 흔적은 찾아볼 수 없었다.

811년에 비잔틴제국을 크게 괴롭힌 적이 있는 불가르족은 슬라브로 동화된 이후에도 세르비아인과 함께 제국을 공격했다. 역시 슬라브계인 러시아인도 불가리아인에 이어 비잔틴제국을 공략했다. 드네프르강을 타고 내려와 흑해를 건넌 그들은 860년에 2백여 척의 함선으로 비잔티움을 공격한 이래 자주 제국을 침략했다. 물론 때로는 평화조약을 체결하여 사절을 파견하고 통상을 하기도 했다.

오리엔트 세계와 유럽의 중간 지점에 자리 잡은 비잔틴제국은 그처럼 동쪽의 페르시아와 무슬림, 그리고 북쪽 국경 밖의 호전적인 불가르족과 슬라브족의 침략을 끊임없이 받았다. 뿐만 아니라 제4회 십자군 또한 비잔틴제국을 거의 빈사 상태에 빠뜨렸다. 13세기 말에 비잔틴제국은 부활했으나 그 영토는 수도 비잔티움과 마르마라해 주변 지역으로 줄어들었다.

비잔틴제국은 1453년에 오스만 투르크족에게 멸망당했다. 10세기 말에서 11세기 초까지 길지 않는 융성기를 제외하면 유스티니아누스 1세 이후의 비잔틴제국의 역사는 멸망으로 향해 가는 역사였다고 해도 지나치지 않을 것이다. 아래에서 헤라클레이오스 왕조부터 오스만 투르크제국에게 정복당해 멸망하는 1453년까지 비잔틴제국의 역사를 간략히 살펴보자.

헤라클레이오스 왕조 시대

페르시아를 물리쳤으나 더 강력한 새로운 적인 아랍-이슬람제국을 상대해야 했던 헤라클레이오스 왕조 시대(610~717)에 비잔틴제국은 더욱 위축되었다. 사실 헤라클레이오스가 페르시아를 격파하고 콘스탄티누스 4세(재위 668~685)가 아랍-무슬림의 진격을 막아내면서 제국은 잠깐 새로운 기회를 맞이하는 듯했다. 그리고 제국은 헤라클레이오스 왕조 아래서 로마의 잔재를 완전히 벗어버리고 더 비잔틴적(그리스적)인 나라로 발전해 갔다. 라틴어의 사용은 현저히 줄어드는 대신 그리스어를 널리 사용했다.

헤라클레이오스(재위 610~641)는 정신이상자인 포카스를 내쫓고 새로운 왕조를 열었다. 하지만 그가 포카스에게 물려받은 것은 무능한 정부, 혼란한 지방행정, 고갈된 국고, 비조직적인 군대였다. 따라서 즉위하고 나서 처음에는 페르시아에 대적하기가 어려웠다. 하지만 새로운 황제는 콘스탄티노플 총대주교의 지지를 끌어내고, 소아시아의 농지를 군대에 봉사하는 조건으로 분배하고, 지방행정을 정비했다. 그는 지방을 '테마thema' 체제로 개편하고 장군(strategos)들을 각 테마의 군사-행정관으로 삼았다. 또한 군사력도 점차 확충했다. 특히 군사 행정제도인 테마체제는 지방의 방어력을 크게 끌어올렸다.

하지만 그 사이 페르시아는 시리아, 팔레스타인, 이집트를 정복하고 소아시아에도 여러 차례에 걸쳐 침입했다. 거기다 발칸반도의 중요한 세력으로 성장한 아바르족과 슬라브족이 제국의 북쪽을 위협했다. 발칸반도를 정복한 그들은 제국의 수도 비잔티움을 포위하다시피 했다.

헤라클레이오스는 먼저 페르시아의 군사적 위협을 해소하기로 했다. 수도가 위험해질지도 모르는 상황이었지만, 그는 소아시아, 아르메니아, 북메소포타미아에서 페르시아와 싸웠다(622~628). 626년에 페르시아-아바르-슬라브의 비잔티움 포

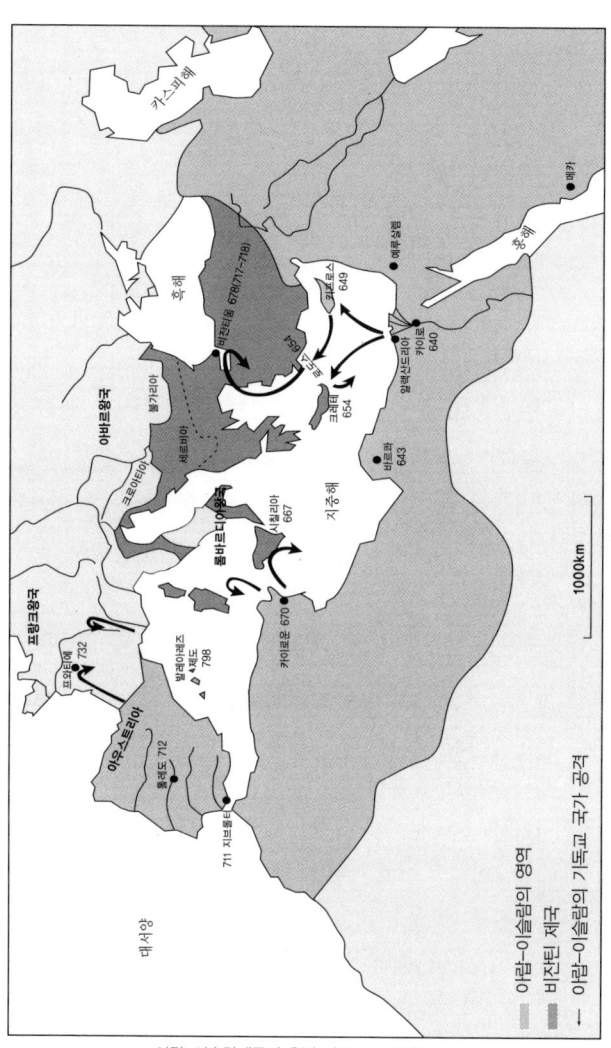

아랍-이슬람제국의 유럽 기독교 국가 침공도

위망을 무너뜨린 제국의 군대는 628년에 페르시아의 수도 체시폰을 함락한 뒤 페르시아를 속국으로 삼았다. 그리하여 헤라클레이오스는 페르시아 황제의 칭호인 '바실레오스Basileos'도 가질 수 있었다.

그러나 비잔틴제국의 아시아에서의 위세는 오래 지속되지 못했다. 페르시아와는 비교도 되지 않는 강력한 적인 아랍-이슬람제국이 출현했기 때문이다. 630년대 초반에 아라비아반도를 장악한 이슬람제국은 곧바로 팔레스타인, 시리아, 메소포타미아를 손에 넣었다. 비잔틴제국도 페르시아도 그들의 적수가 되기에는 역부족이었다. 아랍 무슬림들은 얼마 지나지 않아 서아시아 일부를 제외한 비잔틴제국의 아시아와 아프리카 영토를 모두 장악했다. 거기다 발칸반도에서는 슬라브족이 반도의 남부로 침투해 들어왔다.

동쪽으로는 북부 인도에 이르고, 서쪽으로는 북아프리카를 손에 넣은 이슬람제국의 칼리파들은 비잔티움을 뺏기 위해 집요하게 도전해 왔다. 그들은 거의 해마다 소아시아를 공격했으며 끝내 비잔티움마저 포위하여 공격했다(669, 674~678). 아랍의 시리아 총독 무아위야는 그에 앞서 키프로스를 공격했으며(649), 654년에는 로도스섬을 점령했다.

콘스탄스 2세(재위 641~668)의 비잔틴은 655년에 리키아해안 전투에서 이슬람제국에 크게 지고 말았다. 어느 젊은 병사의 영웅 같은 노력이 없었다면 황제 또한 목숨을 잃었을 것이다. 황제는 이후 이탈리아 쪽으로 눈을 돌려 거처를 시칠리아의 시라쿠사로 옮겼다. 하지만 롬바르디아족의 완강한 저항, 비잔틴제국 군대의 불만 등으로 인해 상황을 개선하지 못했을 뿐만 아니라 오히려 황제 자신이 피살되는 불운을 겪었다. 콘스탄스 2세는 측근이 일으킨 반란 와중에 욕실에서 시종에게 살해당했다(668.9.15).

콘스탄스 2세의 아들로 제위를 계승한 콘스탄티누스 4세는 비잔티움으로 복귀했다. 부왕을 내쫓기 위해 모반을 일으킨 비잔티움 귀족과 아르메니아 연합세력을 타도한 뒤 즉위한 그는 이른바 '7년전쟁'(670~677)이라 부르는 이슬람과의 싸움에서 수도를 지켜냈다. 그리하여 해마다 조공을 받는 등 유리한 내용으로 움미아드조 칼리프와 평화조약을 맺었다. 하지만 그의 무능한 아들 유스티니아누스 2세의 치세(685~695) 중에 제국은 20여 년에 걸친 새로운 내부 혼란에 빠졌다. 물론 이슬람제국의 칼리프는 기회를 놓치지 않고 비잔티움 포위 공격을 재개하려 했다.

이사우리아 왕조와 아모리아 왕조 시대

헤라클레이오스 왕조의 마지막 황제 테오도시우스 3세는 716년에 즉위해서 다음 해에 제위를 잃었다. 그리고 아나톨리콘 테마의 사령관(strategos) 출신의 레온 3세(재위 717~741)가 일련의 싸움 끝에 테오도시우스 3세를 쫓아내고 제권을 장악했다. 아나스타시우스 2세(재위 713-715) 때에 아나톨리콘 테마의 사령관이 된 이래 세력을 키워 온 그는 아나스타시우스가 실각한 뒤 등장한 허약한 테오도시우스 3세에게 반기를 들었다. 아르메니아콘 테마의 사령관과 손잡은 레온은 결국 717년 3월에 비잔티움의 성소피아성당에서 왕관을 썼다. 테오도시우스 3세는 자신과 아들의 생명을 보장받은 뒤 에페소스의 수도원으로 들어갔다. 그리하여 헤라클레이오스 왕조를 대신한 이사우리아 왕조 황제들이 비잔틴제국의 통치자로 군림했다. 레온 3세는 북시리아의 게르마니키아 출신이었으나 이사우리아 출신으로 알려졌기 때문에 그의 왕조를 이사우리아 왕조라고 부른다.

레온 3세는 즉위하자마자 큰 시련에 부딪혔다. 이슬람제국이 717년에 수군을 비롯한 대군을 투입해 비잔티움을 공격한 것이다. 레온 3세의 비잔틴제국은 교묘한 해군 전략, 수로학, 그리고 '그리스의 불' 등으로 이슬람군을 어렵사리 물리쳤다.

레온 3세는 이때 불가르족의 지원을 받는 데 성공했고, 불가르의 지원은 매서운 겨울 추위와 함께 제국이 이슬람과의 운명을 건 싸움에서 승리하는 데 한몫을 했다. 이슬람군은 결국 1년에 걸친 포위를 풀고 718년 8월에 물러났다. 그 후에도 레온 3세는 소아시아에서 이슬람제국과 줄곧 싸워야 했지만 위의 717~718년의 역사적 전투에서 제국을 방어하는 데는 성공했다.

역사가들은 프랑크왕국의 카롤루스 마르텔이 프랑스의 남중부 투르에서 이슬람군을 물리친 732년의 투르전투와 함께

717~718년의 전투가 갖는 중대한 의미에 주목한다. 이 전쟁은 무엇보다도 비잔틴제국을 이슬람제국으로부터 구한 전쟁이었다. 이 전쟁에서 졌다면 비잔틴제국은 1453년이 아니라 718년에 역사에서 사라졌을 것이다.

비잔틴제국은 비록 허약했지만 원했든 원하지 않았든 유럽 기독교 세계를 이슬람 세력으로부터 방어하는 역할을 했다. 732년의 투르전쟁에 졌을 경우와 마찬가지로 717~718년의 전쟁에 졌다면, 무슬림들이 서쪽과 동쪽에서 유럽으로 쇄도해 들어갔을 것이다. 그리고 유럽 기독교 세계의 역사는 크게 달라졌을 것이다.

성상파괴운동과 그 영향

비잔틴제국은 레온 3세와 콘스탄티누스 5세(재위 741~775) 치세 중에 소아시아 전체를 효율적으로 통제하는 데 성공했다. 이들 이사우리아 왕조 황제들은 지방행정체인 '테마'를 확대하는가 하면 둔전병 역할을 한 소농을 보호하여 지방의 군사력을 안정적으로 확보하기 위해 노력했다. 발칸반도에서도 한때 제국에 협력한 불가르족을 물리치고 국경 지대를 안정되게 만들었다.

그러나 이사우리아 왕조와 미카엘 2세(재위 820~829)가 연 아모리아 왕조는 종교 문제 때문에 생긴 내분으로 어려움을 겪었다. 이사우리아 왕조의 모든 황제와 아모리아 왕조의 대부분의 황제들은 이른바 성상파괴운동의 지지자들이었다. 1세기 반 동안이나 지속된 '성상파괴' 논쟁은 제국을 종교적, 정치적으로 분열하게 하는 등 부정적 영향을 끼쳤다. 뿐만 아니라 로마교회와 비잔틴교회가 거세게 대립하게 만들어 결국 두 교회가 갈라서게 했다.

성상파괴운동이란 교회에서 예수, 성모, 성자를 표현하는 모든 성상聖像을 사용하지 못하게 하는 것을 말한다. 그것은 기독교를 더 추상적, 이상주의적, 영적 종교로 만들려는 금욕주의적 시도이기도 했지만 정치적 의도 또한 짙게 작용했다.

'개혁자' 혹은 '이코노클라스트iconoclast(icono는 상像을, clast는 타격을 의미함)'로 자부한 성상파괴주의자들은 성상 사용을 주장한 반대자들을 '이콘둘스', 곧 '우상숭배자들'로 매도했다. 그들은 '십계명' 중에서 상을 만들어 숭배하지 않도록 가르친 것을 성상파괴운동의 중요한 근거로 들었다.

황제를 비롯한 비잔틴제국의 성상파괴주의자들은 더 강력한 정부와 군대를 원했다. 그들은 성직자들이 면역과 면세 같은 특권을 누리고 정치적 영향력을 행사하는 상황을 용납하지 않으려 했다. 그들은 또한 많은 재산을 보유하고 있던 수도원이 면세 특권을 누리고 영향력을 행사하는 것을 비판했다. 그들은 교회와 수도원, 고위 성직자들의 과도한 재산과 강력한 정치적 힘이 제국의 경제에 악영향을 끼치고 군사력에 필요한 인력 자원을 감소하게 한다고 주장했다. 중동 지역의 지지 세력을 기반으로 삼은 아시아계가 주축이 된 성상파괴주의자들은 이슬람 측이 성상에 대해 공격하는 것에도 자극 받았다. 당시 무슬림들은 성상 사용을 근거로 기독교를 우상숭배 종교라고 비난했던 것이다.

물론 온건하고 보수적인 제국의 기독교도들은 예수와 성자들의 표현물(성상)을 사용하는 것은 합당하고 바람직하다고 주장했다. 그들에게 성상 사용은 화신(化身) 및 성례전의 형식주의와 조화를 이루는 것이었다. 성직자와 수도사들, 여성들, 그리고 제국의 유럽 쪽 주민들은 성상 사용 옹호자였다. 물론 로마 교황청은 성상파괴운동에 정면으로 맞섰다. 교황은 성상파괴주의자들을 격렬히 비난했을 뿐만 아니라 이탈리아에 있던 비잔틴제국 영역에서 주민들이 소요를 일으키는 것을 선동하기까지 했다.

성상 옹호론자들에 대한 박해가 시작된 것은 레온 3세 때였다. 레온은 비교적 온건한 성상파괴주의자였지만, 강력한 반대를 무릅쓰고 726년에 성상 사용을 금지하는 명령을 내렸다. 그리고 뒤를 이은 콘스탄티누스 5세는 더 단호한 태도를 취했다. 그는 성상파괴운동에 저항한 많은 수사들을 처벌하거나 추방했으며, 수도원들을 억압했다.

레온 4세(재위 775~780) 또한 성상사용주의자들을 심하게 박해했다. 하지만 레온 4세가 타계한 뒤 사정은 달라졌다. 레온 3세의 왕후였지만 성상사용주의자인 이레네가 발의하고 주도한 제2회 니케아 종교회의(787)가 성상파괴운동을 옳지 않은 것으로 규정하면서 첫 번째 성상파괴운동은 끝났다. 성상파괴운동은 레온 5세(재위 813~820)가 즉위하면서 다시 시작되었다.

그는 815년에 종교회의를 열고 이전의 금지 명령을 되살렸다. 프리지아의 아모리움 출신으로 비천한 신분에서 군인으로 출세했고, 결국 레온 5세를 제거하고 아모리아 왕조를 연 미카엘 2세와 테오필로스(재위 829~842)가 계속 성상파괴운동을 벌였으나 두 번째 성상파괴운동은 첫 번째에 비해 격렬하지도 효과적이지도 못했다. 두 번째 성상파괴운동 또한 황후 때문에 그 막을 내려야 했다. 테오필로스가 살아 있을 때도 황제의 허락을 받아 성상을 사용한 황후 테오도라는 황제가 죽고 섭정이 시작되자마자 비잔티움에서 새 종교회의를 소집하고(843), 이레네가 소집한 종교회의의 선언을 되살렸다.

비잔틴제국은 성상 사용을 둘러싼 논쟁과 성상파괴운동으로 인해 국론이 분열되고 국력이 약화되는 등 적지 않은 악영향을 받았다. 그 사이 서지중해를 장악한 이슬람제국은 이탈리아 해안과 남프랑스에 침입해 약탈을 자행했다. 롬바르디아족 또한 비잔틴제국의 내분을 이용해 제국의 영토인 이탈리아 중부의 라벤나와 펜타폴리스를 점령하고 로마까지 위협했다. 성상파괴운동 때문에 비잔틴제국과 대립한 교황청은 프랑크왕국의 원조로 위기를 넘겼을 뿐만 아니라 난쟁이 왕 피핀에게 교황령을 기진寄進받기도 했다.

그 후에도 비잔틴제국은 중동 지역에서 이슬람제국의 새로운 공격과 발칸반도에서 불가리아의 공격으로 위기 국면을 벗어나지 못했다. 제국의 니케포로스 1세(재위 802~811)는 불가리아와 싸우다가 전사했다(811). 불가리아의 차르 크룸은 전사한 니케포로스의 두개골을 컵으로 사용했다고 한다. 성상 문제를 둘러싼 논쟁과 분쟁 때문에 제국은 약해졌을 뿐만 아니라 옴미아드 왕조 말기에 발생한 이슬람제국의 분열과 혼란을 이용해 국력을 키울 수 있는 좋은 기회도 놓쳤다. 또한 이로 인해 제국은 서지중해의 요새들을 잃었으며, 불가리아에게 발칸반도에서 강력한 세력으로 성장하는 기회를 주었다.

아모리아 왕조에서 마케도니아 왕조로

테오도라가 주도해서 비잔티움에서 열린 종교회의는 새로운 시대를 여는 신호탄이었다. 어린 나이에 즉위한 미카엘 3세(재위 842~867)는 출중하지도 못했고 나중에는 주정뱅이가 되어 쫓겨나기도 했지만, 그가 통치할 때 제국은 진보와 부흥을 이루었다. 이는 유능한 그의 모후 테오도라와 모후가 발탁한 유능한 신하 테옥티스토스, 그리고 그의 숙부 카에다르 바르다스가 존재했기에 가능했다. 특히 바르다스가 실제로 통치한 856년 이후 제국은 이슬람제국에 대해 오히려 공세를 취하고 슬라브족을 개종하는 일을 시작했다. 불가리아 국왕 보리스는 864년에 세례를 받았다. 그리고 학식 있는 교수들이 수준 높은 학문을 가르치는 국립 학교들을 수도 비잔티움에 세웠다.

하지만 미카엘 3세는 자신이 총애한 마케도니아 출신의 환관 바실레이오스에게 결국 제위를 빼앗겼다. 풍채와 무용武勇

을 두루 갖춘 그는 미천한 출신이었는데도 황제의 술친구와 놀이친구가 되어 황실의 내밀한 일에도 관여했고, 그것을 이용해 점차 실권을 장악한 다음, 결국 황제로 하여금 바르다스를 죽이고 자신을 공동 황제로 삼게 하는 데 성공했다(866). 바실레이오스는 그 후 황제에 대한 자신의 영향력이 줄어들자 부하를 시켜 황제를 살해하고 제위에 올랐다. 그가 867년부터 886년까지 황제로 군림하면서 마케도니아 왕조를 연 바실레이오스 1세다.

비잔틴제국의 궁중 비사(1)

비잔틴제국은 지중해 세계의 요충지라는 지정학적 위치 때문에 외침에 시달리기도 했지만, 그보다 도를 넘은 내적 분쟁이 제국을 약화시켜 멸망으로 이끈 주범이다. 제국은 늘 궁중에서 일어난 잦은 음모와 끊임없는 정치적 내분에 시달렸다.

크고 작은 반란이 이루 헤아릴 수 없을 정도로 많이 일어났으며, 절대권을 행사한 황제마저 권력 쟁탈전에 희생된 경우도 많았다. 총애하던 신하에게 살해당한 황제들도 적지 않았고, 일부 황제들은 자식이나 황후 혹은 모후에게 쫓겨나거나 피살되기도 했다. 콘스탄티누스 5세처럼 적군과 싸우다 전사하는 황제는 오히려 운이 좋았다. 이제 제위를 둘러싼 음모와 투쟁에서 희생된 몇몇 황제들을 살펴보자.

헤라클로나스

헤라클로나스는 권력투쟁의 제물이 된 제국 초기의 황제였다. 헤라클레이오스의 후비 소생으로 전비 소생의 공동 황제였던 콘스탄티누스 3세와 대립한 헤라클로나스는 결국 반대 세력에 의해 코가 잘리는 수모를 당했다(641). 대강은 이렇다. 콘스탄티누스 3세가 요절하자 그의 지지자들은 헤라클레이오스의 후비이며 헤라클로나스의 모후인 마르티나를 범인으로 지목하고, 콘스탄티누스 3세의 아들을 공동 황제로 추대한 뒤 쿠데타를 일으켰다. 권력을 장악한 쿠데타 세력과 원로원은 헤라클로나스를 폐위했을 뿐만 아니라 마르티나의 혀를 자르고 헤라클로나스의 코를 자른 뒤 로도스섬으로 추방했다. 그리하여 그는 비잔틴제국 최초로 코가 잘리는 형벌을 받았는데, 비잔틴제국에서 '잘린 코'는 '직무상 무능력'을 상징했다고 한다.

콘스탄스 2세

이슬람제국과 힘겨운 싸움을 하다 '돛대전투'에서 목숨을 잃을 뻔한 콘스탄스 2세는 시종에게 살해당했다. 여러 번 이슬람제국에 패한(669, 674~678) 뒤 황제는 이탈리아 쪽으로 눈을 돌려 거처를 시칠리아의 시라쿠사로 옮겼다. 하지만 롬바르디아족의 완강한 저항, 제국 군대의 저항 등으로 인해 이탈리아를 장악하지 못한 상태에서 측근이 모반을 일으켰다. 그리고 그 와중에 황제의 시종이 욕실에서 목욕하는 황제를 살해했다(668.9.15).

유스티니아누스 2세

유스티니아누스 2세는 반대 세력에 의해 쫓겨났으나 용케 제권을 되찾은 황제였다. 그는 소농민 보호정책을 펴 귀족의 저항을 받았고, 사민徙民 정책과 과도한 세금 징수 때문에 백성들의 원성을 샀다. 결국 695년 말에 반대 세력이 봉기하여 황제를 폐위하고 코를 벤 뒤 흑해 북부 크림반도의 케르손으로 추방했다.

하지만 유스티니아누스 2세의 운은 그것으로 다하지 않았다. 그는 비잔티움의 정국이 불안한 틈을 타 유배지를 탈출한 뒤 이곳저곳으로 도망 다니다 비잔티움에 잠입하는 데 성공했다. 그리고 지지자를 규합해 제위를 되찾았고(705), 제국은 '코를 베인 황제(Rhinotmetos)'가 통치하는 나라가 되었다. 황제는 이전에 자신에게 저항한 라벤나에 원정군을 보내 라벤나 주교의 눈알을 도려내는 등 그 지역 사람들을 가혹하게 처벌했고, 이어 자신이 유배생활을 한 케르손에도 군대를 보내 잔혹하게 보복했다.

견디다 못한 케르손 주민이 반란을 일으키자 사소한 실수도 중벌로 다스리는 황제의 부당한 처벌에 전전긍긍하던 제국의 군대와 함대도 반란 세력에 가세했다. 결국 아르메니아인 바르다네스가 황제에 즉위했고(별명은 필리피코스), 사관에게 살해당한 유스티니아누스의 머리는 라벤나로 보내져 사람들의 구경거리가 되었다(711).

콘스탄티누스 6세

콘스탄티누스 6세는 자신의 모후에게 목숨을 잃은 황제다. 겨우 열 살에 제위에 올랐으므로 모후 이레네가 섭정했다. 하지만 모후는 아들 황제가 성년이 된 뒤에도 섭정을 계속하려 했고, 거기에 성상파괴운동 문제까지 얽혀 모자는 날카롭게 대립했다. 성상 사용을 옹호한 이레네가 결국 실각해 황궁을 떠나게 되자 이번에는 황후의 지지자들이 항거했다. 그리하여 황후는 다시 궁궐로 돌아올 수 있었다. 그 후 이레네를 비롯한 반대파는 황제가 자신의 숙부 니케포로스의 눈알을 칼로 찌르게 하는가 하면 황후와 이혼하고 궁녀를 새 황후로 맞이하는 등 잔인하고 분별없는 행동을 하자 민심을 등에 업고 반란을 일으켰다. 콘스탄티누스 6세는 27년 전에 자신이 태어난 바로 그 방에서 모후의 손에 장님이 되었다(797). 그리고 이레네는 제국의 황제가 되었다(797~802).

레온 5세

레온 5세 또한 실각의 위험을 감지했지만 결국 비극적인 최후를 피하지 못하고 살해당했다. 성상파괴 정책을 편 황제는 그것에 반대한 비잔티움 총대주교 니케포로스를 파면하는 등 황제에게 복종하지 않는 자들을 가혹하게 박해했다. 하지만 9세기의 새로운 성상파괴운동은 8세기와 같은 지지를 얻지 못했다. 황제는 820년에 성소피아성당에서 거행된 크리스마스 예배에 참석했다가 옛 전우 미카엘의 무하늘에게 살해당했다.

그리고 미카엘 2세는 아모리아 왕조의 첫 황제가 되었다.

마케도니아 왕조와 제2의 번영

마케도니아 왕조(867~1057)는 유스티니아누스 1세에 이어 비잔틴제국 제2의 '황금시대'를 연출했다. 마케도니아 왕조 아래서 제국의 전제정치, 가족주의, 관료제도 및 군사적 효율성은 최고조에 달했다. 제국은 또한 교육, 학문, 예술, 건축 등에서도 큰 성취를 이루었다. 제국은 주변 세력들과의 관계에서도 이제 방어하는 처지가 아니라 공격하는 위치에 서게 되었다. 발칸반도에서는 물론 동지중해 지역에서도 주도권을 장악했다. 특히 11세기 초엽 바실레이오스 2세 때의 제국은 동지중해 세계를 군사력으로 제압했다.

바실레이오스 1세와 후계자들

바실레이오스 1세는, 비록 음모와 폭력을 통해 제권을 장악했지만, 유능한 지배자였다. 그는 제권을 확립하고 '테마체제'를 통해 지방행정을 튼튼히 했으며 소농을 보호하고 법전을 편찬했다. 뿐만 아니라 그는 군사력을 확충하고 해군의 작전영역을 넓혔으며 학문과 예술을 장려했다. 그는 비잔티움에 새 성당을 건립하기도 했다.

현명한 황제로 칭송받는 레온 6세(재위 886~912)는 '황제의 법'이라고 부르는 법전의 편찬을 완성했다. 하지만 그는 온건한 외교정책을 펴다 발칸반도의 일부 영토를 불가리아에게 빼앗기고 불가리아의 시메온에게 조공을 바쳤다. 그의 아들 콘스탄티누스 7세(재위 913~959)는 더욱 문약했다. 그는 학자들을 후원했을 뿐만 아니라 직접 논문 여러 편을 쓴 것으로 알려졌다. 그는 성가신 국사를 다른 사람들에게 맡겨버렸는데, 다행이 유능하고 충직한 신하들이 그를 보필했다.

하지만 콘스탄티누스 7세의 정치적 무관심은 유능한 제독인 그의 장인 로마노스 레카페노스에게 권력을 장악할 기회를 주었다. '황제의 아버지', '카에사르', '공동 황제' 같은 칭호를 연달아 받으며 실제로 제국을 지배한 레카페노스는 결국 황제가 되어 920년부터 944년까지 군림했다(로마노스 1세).

로마노스 1세는 교묘한 외교와 굳건한 의지로 시메온의 불가리아를 물리쳤으며, 북메소포타미아와 북시리아에서도 아랍 무슬림을 견제하는 데 성공했다. 하지만 로마노스 1세는 자식들에 의해 권좌에서 쫓겨났다. 부왕을 내쫓으면 자신들이 빨리 권력을 장악할 수 있을 것이라 기대한 왕자들은 오히려 그 때문에 빠르게 몰락하고 말았다.

니케포로스 2세와 요한네스 치미케스

9세기 중엽 이후 비잔틴제국은 아바스 왕조의 이슬람제국이 약해진 틈을 타서 소아시아는 물론 팔레스타인 지방까지 진출했다. 니케포로스 2세(재위 963~969)는 비잔틴제국이 중흥의 깃발을 높이 늘게 만든 황제였다. 그가 통치할 때 제국의 군대는 에게해는 물론 중동 지역으로 진출했다. 황제로 즉위하기 이전에 이미 거의 한 세기 동안 아랍인들의 동지중해 거점이 되어 온 크레테섬을 되찾은(960) 그는 즉위 후 시리아의 알레포까지 영토를 넓힌 다음, 966년과 967년에 이르러 안티오키아와 시리아의 일부를 차지했다.

니케포로스 2세는 그러나 왕비의 음모로 불귀의 객이 되었다. 미천한 출신으로 황태자비가 된 미모의 야심가 테오파노는 황제 콘스탄티누스 7세의 권세가 약화된 시기와 방탕한 남편 로마노스 2세의 짧은 치세기(959~963) 동안 국정을 요리했다. 술에 절어 산 남편 로마노스 2세가 죽은 뒤 테오파노는 교양 없고 고집 센 이상한 성격의 장군 니케포로스 2세를 다시 남편으로 맞아들였다.

니케포로스 2세는 앞에서 지적했듯이 이슬람제국으로부터 크레테와 키프로스를 되찾았을 뿐만 아니라 그들을 북메소포타미아와 시리아로 쫓아냈으며, 불가리아를 견제하기 위해 슬라브족을 발칸반도로 끌어들였다. 하지만 무뚝뚝한 남편에 지친 테오파노는 미모의 젊은 조카 요한네스(요한네스 1세 치미케스)와 공모해 니케포로스 2세를 살해했다.

테오파노는 처음부터 요한네스 1세(재위 969~976)와 결혼하고 싶었으나 성직자들의 강력한 반대 때문에 황제는 테오파노를 수녀원으로 보낼 수밖에 없었다. 요한네스 1세는 니케포로스의 적극적 팽창정책을 이어받아 제국의 영역을 넓혔다. 그는 불가리아를 무찌른 뒤 발칸반도에 눌러앉으려 한 슬라브족을 압박해 러시아로 물러나게 한 다음(971), 동불가리아를 병합했다.

요한네스 1세는 아시아에서도 제국의 위력을 과시했다. 971년에도 안티오키아를 공략한 요한네스는 975년에 안티오키아를 함락한 뒤 다마스쿠스를 지나 팔레스타인의 여러 지역을 장악했다. 비록 예루살렘은 차지하지 못했지만 베이루트와 시돈 등 시리아의 항구들을 점령했다. 그는 그때 아르메니아의 왕에게 "모든 페니키아, 팔레스타인, 시리아는 사라센인의 질곡에서 해방되어 로마인의 지배를 인정한다"5)라고 말했다.

바실레이오스 2세

요한네스 1세가 죽은 뒤 비잔틴제국을 제2의 전성기로 이끈 바실레이오스 2세(재위 976~1025)가 궁궐의 주인이 되었다. 로마노스 2세와 테오파노 사이에서 태어난 바실레이오스 2세는 아마도 부모에게 받은 영향 때문이겠지만 평생 독신으로 지냈다. 이 때문에 그는 정치와 군사 문제에 전념할 수 있었다. 몇 차례 위험한 소요를 진압한 바실레이오스 2세는 강력한 제권을 바탕으로 전제정치를 폈다. 그는 특히 중앙정부를 견제해온 귀족을 억압했는데, 그것의 한 방책으로 귀족들이 대규모 토지를 소유하지 못하게 했다.

군인 출신 황제인 바실레이오스 2세는 팽창정책을 강력하게 추진해 중동 지역에서 점차 영역을 넓혀 갔다. 그는 아르메니아를 정복한 다음 동아르메니아의 지배권을 획득했다.

당시 황제의 동맹자인 키예프의 블라디미르 공이 세례를 받은(988) 것을 계기로 러시아인들이 개종하기 시작했다. 특히 그는 니케포로스 2세와 요한네스 1세가 구축해 놓은 토대를 발판 삼아 발칸반도와 중동 지역에서 비잔틴제국의 지위를 확고히 했다.

바실레이오스 2세는 즉위한 지 10년 뒤인 986년에 단행한 발칸반도 원정에 실패해 한때 정치적 위기를 겪기도 했다. 하지만 994년과 995년의 중동 원정에서 알레포, 안티오키아, 트리폴리 등을 점령해 시리아를 다시 제국의 지배 아래에 묶어 둔 다음 아르메니아를 압박하기도 했다. 그리고 1001년에 다시 발칸반도 원정에 나서서 마케도니아를 정복하고 세르비아를 공략했다. 도나우 강변의 비딘을 점령하는 데 성공한 황제의 군대는 다시 방향을 돌려 발칸반도 남쪽으로 향했다. 제국의 군대는 발칸반도 남부의 스코플레를 점령한 다음 테살로니키에서 멀지 않은 보데나까지 진출했다.

'불가르 살해자'란 별명을 얻은 바실레이오스 2세는 자신의 슬라브 정책을 기회로 삼아 발칸반도에서 세력을 키운 서불가리아의 차르 사무엘을 스트루마 부근에서 물리쳤다(1014). 그는 살아남은 불가리아 군인 1만 4천여 명의 눈알을 빼 백 명 단위로 나누고, 한 쪽 눈만 남은 불가리아 병사를 시켜 사무엘을 데려가게 했다고 한다. 참혹한 패배를 당한 사무엘은 얼마 지나지 않아 죽었다. 불가리아는 제국의 땅으로 편입되었고 제국은 다시 발칸반도를 장악했다. 그리하여 비잔틴제국은 발칸반도의 거의 대부분은 물론이고 시리아에서 메소포타미아에 이르는 중동 지역까지 장악할 수 있었다.

하지만 바실레이오스 2세가 타계한 뒤 제국은 정치적 혼란과 투르크족 등 외적의 침략으로 약해졌다. 바실레이오스 2세의 유약한 동생 콘스탄티누스 8세가 1년 동안 제위에 있은 뒤 콘스탄티누스 8세의 공주들 - 경박한 조에와 은거한 테오도라 - 의 남편들이 제국을 30여 년 간 통치했다(1028~1056).

자유분방한 조에Zoe가 통치한 시기에 궁궐은 경박한 분위가 만연했고 음모로 들끓었다. 수도의 귀족들은 군사 의무를 외면했으며, 소농을 희생하면서 감행한 대토지제를 확대함으로써 제국의 재정과 군사력의 토대를 무너뜨렸다. 그리하여 11세기 중엽에 이르러 제국은 내전에 빠져들었다. 때맞추어 북쪽의 광포한 파치나코이(6~12세기에 흑해 북부의 스텝 지방에 거주한 투르크족)와 동쪽의 셀주크 투르크족, 서쪽의 노르만족이 제국을 위협했다.

십자군과 비잔틴제국의 약화

비잔틴제국은 해상과 육상에서 아랍-이슬람제국의 집요한 공격을 받았다. 또한 불가리아와 슬라브족이 자주 발칸반도에 침입했다. 게다가 탈선한 십자군(제4회 십자군)이 비잔티움을 함락하고 제국은 결국 분할되었다. 그러나 십자군의 분할점령도 당장에는 비잔틴제국을 무너뜨리지는 못했다. 하시만 그도 인해 약해질 대로 약해진 비잔틴제국은 끝내 오스만 투르크족에게 무릎을 꿇었다.

마케도니아 왕조 말기의 비잔틴제국은 문자 그대로 내우외환에 시달렸다. 안으로는 국익을 나 몰라라 한 수도의 귀족들이 정치를 어지럽히는 상황에서 셀주크 투르크족이 제국의 아시아 영역을 침범했고, 또 다른 적들이 발칸반도와 남부 이탈리아를 흔들었다. 해군력은 베네치아에 추월당했고, 1071년에는 만지케르트에서 투르크군에 크게 졌으며, 남이탈리아에서는 바리를 잃었다. 만지케르트전투 이후 셀주크 투르크는 아나톨리아의 대부분을 장악했다. 소아시아의 대부분은 만지케르트전투를 하기 전에 이미 셀주크 투르크족에게 빼앗겼다.

불가리아와 세르비아가 독립한 12세기 후반부터 발칸반도에서 제국의 영향력 또한 눈에 띄게 약해졌다. 더욱이 12세기 말 이후에는 불가리아가 발칸반도의 강력한 세력으로 등장했으며, 세르비아 또한 14세기의 전성기를 향해 국력을 키워 갔다. 거기다 13세기 이후에는 수도 비잔티움과 발칸반도의 제국령 대부분이 십자군의 손아귀에 들어갔다.

아직 불가리아와 세르비아가 독립하기 전이었지만 제국이 위기상황에 빠져들 무렵인 11세기 말에 즉위한 지주 출신의 알렉시오스 1세(재위 1081~1118)는 제국을 중흥하기 위해 노력했다. 그는 베네치아의 도움을 받아 남이탈리아와 발칸반도에서 노르만족의 야욕을 좌절하게 만들고, 셀주크 투르크족의 내분을 이용해 소아시아의 일부를 회복했다. 해군력의 한계를 절감한 알렉시오스는 교황에게 원조를 요청했고, 결국 십자군과 함께 니케아와 북서 소아시아를 되찾았다. '군인 황제'라고 부른 그의 아들 요한네스 2세(재위 1118~1143) 또한 부왕에 이어 소아시아의 영토를 조금 되찾았고 발칸반도에서도 공세를 취했다.

하지만 마누엘 1세(재위 1143~1180) 치하의 비잔틴군은 십자군이 3번째 원정에 나서기 전인 1176년에 이코니온을 목표로 진군하던 중 앙카라 남쪽 미리오케팔론 부근의 프리지아전투에서 셀주크 투르크족에게 크게 졌다. 이후 제국은 급격히 동지중해 세계의 삼류 국가로 전락해 갔다. 그리고 얼마 지나지 않아 교황에게 원조 요청한 것을 후회한 알렉시오스의 우려가 현실로 다가왔다. 제4회 십자군이 비잔티움을 공격해 함락하고 나아가 십자군 국가들을 세웠던 것이다.

베네치아 상인들과 결탁한 제4회 십자군은 기독교 도시인 자라를 점령해 노략질했다. 그리고 교황 인노켄티우스 3세의 파문에도 아랑곳하지 않고 비잔티움으로 향했다. 당시 동생 알렉시오스 3세(재위 1195~1203)와 벌인 권력투쟁에서 진 비잔틴제국의 이사키오스 2세(재위 1185~1195, 1203)와 아들 알렉시오스 4세(1203)는 십자군이 제위를 되찾도록 도와준다면 십자군이 베네치아에 진 빚을 갚아 주고, 이집트 원정을 할 때 재정과 군대를 후원할 것이며, 심지어 그리스정교회를 로마의 가톨릭교회로 귀속시키겠다고 제의했다. 십자군은 1203년 7월에 비잔티움을 함락해 제위를 되찾아 주었지만, 이사키오스 부자는 십자군에 나라를 팔아먹은 것에 분노한 비잔틴인들이 일으킨 반란 중에 피살되었다.

무력을 사용해서라도 빚을 받아 내기로 작정한 십자군은 결국 1204년 4월에 비잔틴제국의 수도 비잔티움을 점령하고 노략질했다. 뿐만 아니라 십자군 지휘자들이 이를 분할 점령함으로써 비잔틴제국은 플랑드르백 볼드윈이 황제로 등극한 라틴제국(비잔티움과 아드리아노플), 테살로니키왕국, 아테네공국, 아케아공국 등으로 쪼개졌다. 베네치아는 비잔티움의 3/8을 점유했을 뿐만 아니라 중요한 항구들과 섬들을 손에 넣었다.

반면 비잔틴제국의 잔여 세력들은 주변 지역으로 옮겨 가 명맥을 유지했다. 즉 제4회 십자군 이전부터 흑해 남부를 중심으로 세력을 펴 온 콤네노스가의 트레비존드왕국, 니케아를 수도로 삼고 서부 소아시아를 지배한 라스카리스, 그리고 에피루스를 중심으로 서부 그리스를 장악한 앙겔루스가 그들이었다.

하지만 십자군의 라틴 국가들도 십자군이 실패를 거듭함에 따라 약해지기 시작했다. 그들은 1205년에 아드리아노플에서 불가리아에 크게 졌고, 1222년에는 테살로니키가 에피루스의 앙겔루스에게 점령된 뒤 다시 라스카리스에게 넘어갔다.

당연한 일이지만 십자군이 비잔티움을 점령하고 발칸 영역을 분할해서 점유한 것은 비잔틴제국에게 회복할 수 없는 상처를 주었다. 니케아를 중심으로 제국의 재건을 위해 노력해 온 요한네스 3세와 라스카리스에 이어 미카엘 8세(재위 1259~

1282)가 북서소아시아, 비잔티움, 트라키아와 마케도니아의 대부분을 회복해 제국은 부활했지만 사실상 껍데기만 남은 제국으로 전락했다.

그 와중에 제국의 일부 지역은 자치제가 허용되었고, 주변 지역은 제국의 통제를 벗어났다. 인구는 눈에 띄게 감소했고 경제 또한 크게 침체해 제국은 점차 몰락하고 있었다. 제국은 그 이후에도 2백여 년을 더 버텼다. 하지만 셀주크 투르크족을 대신한 오스만 투르크족이 제국의 아시아 쪽 영역은 물론 유럽 영역까지 침식해 들어왔다. 그들의 침략을 막을 수 있는 힘을 이미 잃어버린 제국은 결국 1453년에 비극을 맞이했다.

비잔틴제국의 궁중 비사(2)

제권을 둘러싼 음모와 반란으로 피살되거나 쫓겨난 비잔틴 제국 황제들의 이야기를 여기서 다시 정리해보기로 하자. 신하는 물론 아들이나 왕후에게 쫓겨난 황제도 있었다.

미카엘 3세

미카엘 3세는 마구간 관리책임자 출신의 총신 바실레이오스 1세에게 제위와 함께 목숨을 잃었다. 마케도니아 출신으로 가난했지만 영리하고 교활한 바실레이오스는 앞에서 말했듯이 술친구와 놀이친구로서 황제의 측근이 된 뒤 권력을 장악하기 위해 온갖 음모를 다 꾸몄다. 황제를 부추겨 황제의 숙부

바르다스를 처형하고 결국 공동 황제가 되었다. 미카엘 3세는 때늦게 위험을 깨닫고 바실레이오스를 견제했으나, 이 공동 황제는 술에 취한 황제를 침실에서 교살했다(867). 황관을 차지한 바실레이오스 1세는 비잔틴제국의 두 번째 황금기를 연 마케도니아 왕조의 첫 황제였다.

로마노스 1세

로마노스 1세는 자신의 아들들에게 쫓겨났다. 황제는 후계자로 점찍은 큰아들 크리스토포로스가 죽은 뒤에도 나머지 아들 중에서 후계자를 뽑으려 하지 않았다. 그들의 자질을 낮게 평가했기 때문인데, 스테파노스와 콘스탄티노스는 연로한 부왕이 아무런 조처 없이 타계할 경우 황실의 적자 출신인 콘스탄티누스 7세에게 제위를 빼앗길 것이 두려워 쿠데타를 일으켰다. 그들은 부왕을 체포한 다음 프로테섬으로 추방했다(913. 12). 로마노스 1세는 추방지에서 수사로 일생을 마쳤다. 하지만 형제는 제위에 오르지 못했다. 황제가 된 콘스탄티누스 7세는 그들을 추방했고, 그들은 결국 객지에서 횡사했다.

로마노스 3세

로마노스 3세는 황후 조에를 무시하다 목숨을 잃었다. 조에는 농부의 젊은 아들 미카엘에게 마음을 주었다. 미카엘은 재능과 권력을 다 갖췄지만 환관이기 때문에 제권에 도전할 수 없던 오르파노트로포스의 지원을 받았다. 로마노스 3세는 권력을 빼앗을 음모를 꾸민 그들에게 결국 욕실에서 피살되었다(1034). 조에는 소원을 이루어 미카엘과 결혼했고, 미카엘은 제위에 올라 1034년부터 1041년까지 제국을 통치했다(미카엘 4세). 하지만 조에의 성공은 그것으로 끝이었다. 조에도 자기보다 젊은 황제를 계속 자기 옆에 붙들어 둘 수 없었기 때문이다. 미카엘 4세는 이제 조에를 사랑하지 않았을 뿐만 아니라 마음대로 다니지도 못하게 연금을 하기까지 했다.

오스만 투르크의 강성

1453년 4월에 비잔티움 공격을 본격적으로 시작한 오스만 투르크제국의 군대는 소수의 제국군과 베네치아 및 제노바 원군의 영웅적 저항을 물리치고 그해 5월 29~30일에 비잔티움을 점령했다. 비잔티움은 오스만제국의 새로운 수도가 되었지만 동방정교회의 중심지로서의 지위는 잃지 않았다.

오스만 투르크족은 13세기 말에 셀주크 투르크족이 몰락한 뒤 서서히 소아시아와 그 주변 지역의 주인으로 등장했다. 그들은 13세기 말에 이미 비잔티움 건너편의 비딘 부근까지 진출했으며, 이어 마르마라해협과 에게해에서 제국을 압박했다. 당시 경제가 침체되고 정치가 불안정한 것에 불만을 품은 그 지역의 그리스계 주민들은 비잔틴제국을 버리고 오스만 투르크족 편에 섰다. 그리스인의 눈에 비친 투르크족은 광신적인 무슬림이 아니었다. 투르크족의 관용 정책과 회유 정책으로 소아시아의 그리스계 농민들은 그들에게 협력했을 뿐만 아니라 그들 중 일부는 이슬람교로 개종했다.

비잔틴제국으로서는 불행한 일이었지만, 그 무렵 제권을 놓고 사투를 벌인 요한네스 5세와 요한네스 6세는 오스만제국의 힘을 빌리기 위해 다투어 그들을 불러들였다. 1354년에 발칸반도에 교두보를 확보한 뒤 트라키아의 대부분을 점령한 오스만제국은 1363년에는 보스포루스해협의 유럽 쪽 도시인 아드리아노플로 수도를 옮겼다. 이제 비잔티움은 오스만제국의 땅으로 둘러싸인 형국이 되었고, 서유럽인들이 비잔티움에 접근할 수 있는 길은 바닷길뿐이었다.

비잔틴제국은 오스만제국과 맺은 굴욕적인 조약으로 연명해야 했고, 황제들은 때로는 술탄의 신하가 되어야 했다. 그러나 술탄들은 그에 만족하지 않고 발칸반도에 대한 공세를 늦추지 않았다. 술탄 무라드 1세가 1389년에 코소보전투에서 세르비아군을 타도한 이후 마케도니아, 중부 불가리아, 세르비아가 오스만제국의 수중에 들어갔다. 불가리아를 완전히 점령한 술탄 바야지드 1세는 1396년에 헝가리를 중심으로 한 유럽동맹군도 물리쳤다.

풍전등화 상태의 비잔틴제국이 잠시나마 존속할 수 있었던 이유는 티무르가 서쪽으로 진출했기 때문이었다. 서차가타이칸국의 쇠퇴를 틈타 군사를 일으킨 뒤 수도 사마르칸트를 중심으로 일칸국, 킵차크칸국, 동차가타이칸국을 합쳐 강대한 힘을 자랑한 티무르는 1402년에 오스만 투르크족을 앙카라에서 물리쳤다. 하지만 티무르제국은 곧바로 무너졌고, 재기한 오스만 투르크족은 다시 1420~1430년대에 비잔틴제국을 위협했다. 서유럽은 오스만 투르크족이 비잔틴제국을 정복했을 때 심각한 상황이 일어날 것을 깨닫고 불가리아에 새로이 십자군을 파견했으나 그것으로도 비잔틴제국을 구할 수 없었다.

비잔틴제국의 궁중 비사(3)

세월이 흐르면서 비잔틴제국의 궁궐은 더욱 격심한 권력투쟁의 무대가 되어 갔다. 알렉시오스 2세 때의 궁중 암투와 제4회 십자군 때의 비극적 권력투쟁을 간략히 살펴보자.

알렉시오스 2세

알렉시오스 2세(재위 1180~1183)의 죽음도 후기 제국이 경험한 비극이었다. 알렉시오스 2세는 부왕 마누엘 1세가 죽은 뒤 열두 살의 어린 나이로 즉위했기 때문에 섭정을 맡은 그의 모후 마리아는 황제의 사촌인 알렉시오스 콤네노스에게 국사를 맡겼다. 하지만 국민은 친서방 정책을 취한 황후와 권력을 탐한 알렉시오스 콤네노스를 증오했다. 결국 비잔티움에서 유혈 폭동이 일어나자 황제의 종숙(당숙)으로 알렉시오스와 대립하던 안드로니코스가 황제의 보호자로 나섰다.

안드로니코스는 황제의 모후 마리아를 포함해 정적들을 반란을 일으킨 죄로 난누대에 세웠다. 하지만 안드로니코스가 공동 황제에 즉위한 지 두 달 만에 알렉시오스 2세는 안드로니코스 추종자들에게 교살되어 바다에 던져졌다(1183). 안드로니코스 1세(재위 1183~1185)는 이미 예순을 넘은 나이였으나 피살된 조카의 열세 살 난 미망인 아녜스-안나(프랑스의 성왕 루이 7세의 딸)를 자신의 황후로 삼았다.

이사키오스 2세와 제4회 십자군

앞에서 간략하게 살펴보았지만, 제국 후기의 극적인 권력 쟁탈전은 이사키오스 2세, 알렉시오스 3세, 알렉시오스 4세 사이에서 일어났다. 제4회 십자군 전사들이 뱃머리를 비잔티움으로 돌리게 한 권력 쟁탈전은 이사키오스 2세가 불가리아 원정을 떠나자마자 황제의 동생(알렉시오스 3세)이 제위를 빼앗으면서 본격적으로 시작되었다. 매관매직과 가렴주구로 유명한 이사키오스 2세는 장님이 되어 투옥되었다.

권력욕에 사로잡힌 알렉시오스 3세도 무능하고 부패한 황제로써 형 못지않게 제국에 어두운 그림자를 드리웠다. 이사키오스 2세의 아들 알렉시오스는 장님이 된 아버지와 함께 감옥을 탈출한 뒤 재기할 기회를 잡기 위해 서유럽으로 갔다. 교황 인노켄티우스 3세를 만났으나 기대하던 지원을 얻을 수 없자 독일로 가서 황제 후보자이자 자신의 자형인 스바비아의 필립에게 도움을 청했다.

국내 사정 때문에 직접 개입할 수 없었던 스바비아의 필립은 십자군으로 눈을 돌렸다. 그리하여 그는 알렉시오스와 함께 제4회 십자군 지휘부 및 베네치아와 협상에 들어갔다. 앞에서 말했듯이, 젊은 알렉시오스는 십자군이 베네치아에게 진 빚을 갚아 주고 이집트 원정 때 재정을 지원할 것 등을 약속했고, 십자군은 합의한 대로 자라에서 비잔티움으로 향했다.

1203년 7월 17일 십자군이 비잔티움을 점령하자 알렉시오스 3세는 황실의 보물과 보석을 챙겨 도주했다. 물론 이사키오스 2세는 복위했고, 그의 아들 알렉시오스는 공동 황제가 되었다. 그러나 이사키오스 2세 부자의 앞길은 순탄하지 않았다. 십자군에게 진 빚을 갚지 못해 십자군과 알력이 생긴 데다 십자군 전사들을 불러들여 제국을 위기로 몰아넣은 그들 부자에게 분노한 비잔티움 시민들이 민란을 일으켰기 때문이다. 알렉시오스 4세는 민란 중에 피살되었고, 이사키오스 2세는 다시 투옥되었다.

1453년의 일

오스만제국은 마침내 비잔틴제국에 최후의 공격을 했다. 젊은 나이에 술탄이 되었지만 술수와 영도력을 갖춘 메흐메드 2세(재위 1451~1481)는 친위군단 예니체리를 지휘해 아나톨리아의 반란 세력을 진압한 뒤 비잔틴제국으로 눈을 돌렸다. 그는 전국에서 모은 1천여 명의 기술자들을 동원해 마르마라해협의 유럽 해안에 성채를 만들었다(1452). 마르마라해협의 아시아 쪽에는 그의 소부가 만든 요새가 있었는데, 이번에는 그가 유럽 쪽 해안에 높은 성채를 쌓기 시작했다.

콘스탄티누스 11세(재위 1449~1453)가 항의했지만 메흐메드는 개의치 않았다. 1452년 8월에 성채-유럽 쪽의 성城이란 뜻에서 '루메리 히사르Rumeli Hisar'로 불렸다-가 완성되면서 오스만제국은 마르마라해협을 포함한 보스포러스해협을 효율적으로 통제할 수 있었다. 메흐메드 2세는 다시 헝가리 출신 기술자를 동원해 아시아와 유럽 성채에 투석投石 포대를 만든 뒤 보스포러스해협을 통과하는 모든 선박에 통행세를 내게 했다.

콘스탄티누스 11세는 서유럽에 투르크와 싸울 십자군을 보내 줄 것을 간청했다. 서유럽은 동방정교회의 로마교회와의 통합을 십자군의 전제조건으로 제시했고, 비잔틴 황제는 터번을 쓴 투르크인들에게 머리를 숙일지언정 교황에게 머리를 숙일 생각은 없었기 때문에 십자군을 결성하기 위한 노력도 헛수고가 되었다. 그 후에도 콘스탄티누스는 제국의 위급함을 호소했으나 교황 니콜라우스 5세를 움직이지는 못했다.

거기다 내분 상태의 신성로마제국(독일), 백년전쟁의 뒷마무리에 열중해 있던 프랑스, 30년 장미전쟁(1455~1485) 직전의 잉글랜드 등은 비잔틴제국을 도와줄 처지가 못 되었다. 20여 년 간 계속 전쟁을 해 온 이탈리아반도의 경우도 비잔틴제국의 안위를 걱정할 형편이 아니었다. 밀라노, 피렌체, 베네치아, 나폴리, 로마가 1454년과 1455년에야 각각 '로디평화조약'과 '이탈리아동맹'을 맺었고, 그로 인해 불안하지만 겨우 정치가

안정된 상황이었다.[6]

　베네치아만이 무슬림들과 싸워 자국의 전통 교역로를 보호하고, 비잔틴제국을 지키기 위해 고군분투했다. 베네치아는 지중해가 무슬림들의 무대가 된 다음에도 줄곧 비잔티움-흑해 혹은 크레타-로도스-키프로스를 잇는 해로를 확보하고 활발하게 교역해 왔다. 남부 프랑스, 알렉산드리아, 카르타고, 알제이 등과 교역한 것은 물론 대서양 연안 해로를 따라 플랑드르까지 진출한 베네치아는 오스만 투르크족에게 비잔틴제국이 무너지는 것을 수수방관할 수만은 없었다. 베네치아는 제국의 원군 요청에 응해 1452년 8월에 크레테섬에 주둔하던 해군을 출동하게 했다. 제노바도 소수의 함선을 보냈다.

　오스만제국의 강력한 보병과 포병은 1453년에 포위 공격 진형을 갖추었다. 투르크군은 경마용 말들을 이용해 작은 함대를 언덕 위로 끌어올린 다음 반대편의 금각만金角灣으로 미끄러져 내려가게 하는 방법도 썼다. 1453년 4월 5일, 비잔티움의 성문에 도착한 메흐메드 2세는 사절을 보내 항복을 요구했다. 비잔티움이 항복을 거절하자 다음날 로마노스 게이트를 비롯한 성벽을 공격하는가 하면 투석대포를 이용해 성 안에 바위를 던져 넣었다. 해상을 봉쇄당한 비잔틴제국은 금각만 어귀를 큰 쇠사슬로 막고 성벽을 지킬 뿐 아무것도 할 수 없었다. 오스만 군대는 4월 22일부터는 금각만 쪽에서도 비잔티움을 포격했다. 최후의 순간이 시시각각 다가오자 비잔티움의 그리스인과 라틴인들은 성소피아성당에 모여 성찬

식을 올렸다.

비잔티움의 견고한 성벽도 결국 틈을 보이기 시작했다. 5월 29일, 최후의 공격을 시도한 메흐메드는 예니체리를 투입했다. 예니체리의 정예병들은 결국 토프카피 성벽을 오르는 데 성공했다. 제노바군을 지휘하던 주스티니아니가 치명상을 입고 실려 나간 뒤 수비대는 혼란에 빠졌고, 7주에 걸친 사투도 헛되이 마침내 성벽은 무너졌다. 콘스탄티누스 11세는 진두 지휘하다 전사했다. 비잔티움의 일부 시민은 베네치아와 제노바 함선으로 피해 목숨을 건질 수 있었지만 대부분의 시민들은 피살되거나 항복했다. 전성기에 백만을 자랑하던 비잔티움의 인구는 그 무렵 7만여 명에 불과했다고 한다.

정확하지는 않지만, 당시의 한 통계에 역사적인 비잔티움 공방전에 동원된 양측의 군사력이 전해지고 있다. 투르크의 군세는 거의 백 척에 달하는 함선에다 육군도 정규군 8만을 포함해 15만 명에 이르렀다. 그에 비해 비잔티움의 군사력은 베네치아와 제노바의 함선 등 외국 함선 10척과 자국 함선 16척 등 겨우 26척뿐이었고, 육군 또한 4천9백여 명의 비잔틴군과 2천여 명의 외국군 등 모두 7천여 명에 지나지 않았다. 외국군 중에는 제노바인 7백 명이 있었는데, 많은 수는 아니었으나 메흐메드군이 비잔티움을 포위 공격하기 직전에 도착해 비잔티움 시민들에게 용기를 주었다.[7]

오스만 투르크군들은 5월 30일에 비잔티움 시내로 몰려들어 왔다. 투르크군의 전통 관례대로 그들은 사흘 동안 마음껏

살육하고 약탈했다. 젊은 정복자 메흐메드 2세는 성소피아성당에 들어가 알라에게 감사드린 뒤 성당의 제단을 파괴하게 했다. 부서진 성물聖物 조각들이 그의 발밑에 흩어졌다. 그는 폐허가 된 궁궐 내부를 둘러보면서 "이제 거미가 황제의 시녀가 되어 문에 자신들의 커튼을 치는구나. 올빼미가 이제 아프라시아브 전투장의 나팔수가 되었구나"라는 페르시아 시인의 시 구절을 중얼거렸다고 한다.8)

살육과 약탈의 잔치가 끝난 뒤 메흐메드 2세는 비잔틴제국 유민을 돌보고 종교의 자유를 보장할 것을 약속했다. 그리고 바로 자신이 기독교교회의 보호자라고 선언하고 그리스인 대人교구장을 임명했다. 그리스정교회는 어쩔 수 없이 이슬람 군주를 비잔틴 황제의 계승자로 받아들였다. 그리고 메흐메드 2세는 비잔티움을 이스탄불로 이름을 바꾸고 제국의 수도로 삼았다.

성소피아성당의 운명

비잔틴제국이 기독교 세계에서 이슬람 세계로 바뀜에 따라 교회를 필두로 제국의 기독교 문화유산도 운명이 바뀔 수밖에 없었다. 여기서는 성소피아성당이 이슬람제국 아래서 겪은 수난을 살펴보기로 한다. 아테네의 파르테논신전도 결국 이슬람교 사원으로 바뀌었으나, 성소피아성당은 제국이 패망하면서 기구한 길을 걸어야 했다.

앞에서 이야기했듯이, 메흐메드 2세는 비잔틴제국이 망한 뒤 성당에 들어가 알라에게 예배한 다음 성당 내부를 파괴했다. 세월이 흐르면서 투르크인들은 성소피아성당의 아름다움을 칭송하고 또 모스크 건축을 모방했지만, 처음에는 정복자의 파괴 본능이 기승을 부렸다. 그들은 다음해인 1454년에 성당을 개조해 이슬람교 사원으로 사용하기 시작했다.

성소피아성당은 이미 제4회 십자군에게 한 차례 능욕을 당했다. 교황에게 파문당한 바 있는 제4회 십자군은 비잔티움을 점령하고 마음껏 노략질했을 뿐만 아니라 성소피아성당의 제단을 파괴하고 성물을 나누어 가졌다. 성당 안으로 끌고 들어온 말과 당나귀들이 미끄러져 넘어지면 그들은 그 자리에서 칼로 찔러 죽여 성당을 피로 물들였다. 그런 오욕의 역사를 가진 성당은 이번에는 이교도의 소유물이 됨으로써 더 큰 수난을 겪어야 했다.

비잔티움이 이스탄불로 개명된 다음 성소피아성당은 곧바로 기독교 교회에서 이슬람교 사원으로 바뀌었지만 수난은 그것으로 끝나지 않았다. 성당 내부를 장식했던 모자이크 성화들은 오늘날 거의 모습을 감추었을 뿐만 아니라— 현재 2층 한쪽 벽에 그야말로 손바닥 만하게 남아 있는 기독교 성화 모자이크가 원래 성당 내부의 모습을 짐작하게 할 뿐이다— 새로 세운 첨탑 4개는 그것이 모스크임을 일깨워준다.

하지만 2001년 봄에 아프가니스탄의 탈레반정부가 느닷없이 자국 영역 안에 있는 바미안대불을 폭파해 버린 것과 견주어 볼 때, 오스만 투르크족이 성소피아성당 및 기타 기독교 문화유산에 대한 조처는 그나마 이성적이었다고 해야 할 것이다. 이슬람교 탈레반정부는 자신들의 신앙과 배치되는 불상이라 하여 폭파하려고 했으나 여의치 않자 결국 대포를 동원해 폭파했다. 광신 집단이 인류의 빛나는 문화유산을 무참히 파괴한 것이다. 오스만제국은 적어도 성소피아성당과 그 밖의 로마 유산을 가능한 보전하려고 했다. 일부 역사가들은 오스만 투르크족은 이교도와 이교 문화에 비교적 관용을 베풀었다고 평가한다.

비잔틴 제국의 제도와 문화

　로마제국의 동쪽을 차지한 비잔틴제국은 서로마제국이 멸망한 뒤에도 천여 년을 더 존속했지만, 사실 '로마'가 연상되는 그런 강력하고 장엄한 제국은 아니었다. 비잔틴제국은 앞에서 살펴본 바와 같이 유스티니아누스 1세 때와 바실레이오스 2세 때의 '황금기'를 제외하고는 강력한 국력으로 지중해세계를 압도하지는 못했다. 그러나 비잔틴제국 정부는 같은 시대의 봉건적 서유럽에 비해서는 전제적, 관료적이었고 또한 대체로 효율적이었다. 그것은 무엇보다도 제국이 천여 년을 존속했다는 사실로 입증된다.

　문화 측면에서 볼 때 역시 제국은 결코 삼류 제국이 아니었다. 제국은 고대 그리스문명을 바탕으로 고대 로마, 기독교,

오리엔트의 문명을 융합해 정치와 군사제도, 경제와 문화 등에서 오히려 같은 시대의 서유럽을 능가하는 수준 높은 문화를 창조했다. 문화로만 평가할 경우 비잔틴제국은 대체로 전쟁으로 시종했던 아랍-이슬람제국과 함께 최고 수준을 자랑한 국가였다.

비잔틴제국의 정치제도와 행정제도

비잔틴제국의 정치와 군사적 권위의 원천은 물론 황제였다. 신으로부터 권위를 부여받은 황제는 최고 행정관, 입법자, 군사령관이었다. '독재자', '아우구스투스', '바실레오스' 등으로 불린 황제는 로마법전에 명시되어 있듯이 절대적 권위자였으며 법률의 원천이었다. 황제는 형식상 군대, 귀족, 교회, 인민이 받들어 황제로 즉위했지만 절대권을 가진 신과 같은 존재였다.

하지만 황제는 이념상으로 신의 법에 따라야 할 뿐만 아니라 전통 관행을 지켜야 했다. 따라서 백성의 지지를 받지 못하거나 외적의 침입에 적절히 대처하지 못할 때에는 쫓겨날 수 있었다. 거기다 고위 관리들, 특히 비잔티움 원로원의 세력이 강력했으며, 비잔티움 시민들은 니카의 반란에서 볼 수 있듯이 청당과 녹당을 결성해 정치에 영향력을 행사하기도 했다.

제국의 중앙정부는 같은 시대 서구의 봉건체제에 비해서는 훨씬 조직적이고 또한 효율적으로 운영되었다. 중앙에는 장관이 관할한 5개 부서가 행정을 분담했다. 그리고 각 부서에는 많은 상하 관료들이 있어 세세한 것까지 관장했다. 관리들 중에는 로마법에 정통한 학자들도 적지 않았다. 비잔틴인들은 관리가 되는 것을 가장 바람직한 일로 생각했다.

비잔틴제국의 지방행정은 앞에서 언급했듯이 '테마체제'였다. 제국은 외적의 침략에 효과 있게 대처하기 위해 7세기부터 테마를 설치했는데, 장군(strategos)이 테마의 군권과 행정권을 장악했다. 하지만 '키프리아나 테마'나 '에게 테마'처럼 방어를 해군력에 의존한 지역에서는 제독(drungarios)이 최고군사권과 행정권을 행사했다.

제2의 전성기인 바실레이오스 2세 때에는 발칸반도(크로아티아, 세르비아, 불가리아, 마케도니아, 테살로니카 등), 소아시아(아나톨리콘, 옵티마톤, 옵시키온, 카파도키아 등), 아르메니아(콜로네아, 찰시아논, 바스푸르칸 등), 이탈리아 남부, 그리고 시리아 지방에 모두 40여 개의 테마가 설치되었다.

비잔틴제국의 군사제도와 군사력

비잔틴제국은 주변 적들을 압도하지는 못했지만 비교적 강력한 군대를 소유했고, 그 때문에 1453년까지 존속할 수 있었다. 제국은 국민개병제가 아니라 모병제와 외국인 용병제를 택했다. 제국의 육군과 해군은 편제를 잘 짰고 훈련이나 무기면에서도 비교적 우수했다. 작전과 전술을 면밀히 연구한 육군 장군들은 나름대로 과학을 바탕으로 한 전술을 쓴 것으로 평가된다. 기만전술과 정보전도 많이 채택했다. 정부는 병사들이 전사하거나 부상당하지 않도록 신경을 썼다. 비록 승리하더라도 병사를 많이 잃은 장군은 진 것으로 간주되었다.

때에 따라 달랐으나 대체로 12만 명을 넘지 않은 육군의 주축은 전체 병력의 절반 정도를 차지한 중무장 기병이었다. 기병의 주된 무기는 칼, 창, 활 따위였다. 기병은 쇠로 만든 투구, 넓적다리까지 내려오는 철갑옷, 금속제 장갑과 군화를 신고 싸웠다. 그처럼 중무장한 기병은 보병의 지원을 받지 않고 독자적으로 작전을 수행하기도 했다.

보병은 중보병과 경보병으로 구성되어 있었다. 경보병은 갑옷을 입지 않았고 사정거리가 먼 화살로 무장했다. 중보병은 투구, 갑옷, 장갑, 방패 따위를 착용하고 칼, 창, 도끼 같은 무기로 전투를 했다. 한편 제국의 군인은 중세 서유럽 대부분의 국가들과는 달리 비교적 좋은 처우를 받은 직업군인이었다. 기병대의 지휘관은 거의 모두 귀족이었지만, 사병이나 하사관들도 대개 군역을 하는 대가로 국유지를 보유한 소규모 자영농이었다. 비잔틴제국의 경우도 그 무렵의 서유럽과 마찬가지로 많은 하인과 종자들이 주인이 소속된 부대를 따라다녔다. 기병과 보병으로 이루어진 육군은 주로 장군(strategos)이 지휘한 지역 군대, 곧 테마의 군대(테마타themata)와 수도 혹은 수도 부근에 주둔해 있는 '타그마타tagmata'로 편제되어 있었다. 반드시 동일하지는 않았지만, 테마에는 여단이 두 개 있고, 각

여단은 5개 연대로 편성되며, 각 연대는 5개 중대로 편성되었다. 2백여 명으로 이루어진 중대는 다시 5개의 하부 조직으로 나누어졌다. 10세기 중엽까지 아시아 영토의 방어는 주로 테마타가 맡았는데, 테마의 스트라테고스 중에는 1만 명의 군대를 지휘한 자도 있었다.

흥미로운 것은 타그마타 조직이 근대 유럽의 육군 체제와 유사했다는 점이다. 수도 부근에 있는 타그마타 중에서 가장 중요한 부대는 '스콜라에'와 '엑스쿠비토레스'였다. '스콜라에'의 지휘관은 제국의 가장 높은 군사령관이었다. 전시에 황제가 직접 지휘하지 않을 때 그는 최고사령관의 일을 수행했다. '엑스쿠비토레스'에는 3개 연대가 있었는데, 주로 보병으로 구성되었다. 그 밖에도 중앙군대로 이카나토이, 아리트모스, 누메로이, 옵티마티오 등이 있었는데, 누메로이와 옵티마티오는 보병부대였다.

'그리스의 불'과 해군력

비잔틴제국은 해양 국가였으므로 당연히 강력한 해군을 보유하려 했다. 사실 해군은 제국의 영토를 넓히거나 방어하는 데 중추 역할을 했다. 특히 유스티니아누스대제 때의 서지중해 진출은 물론 아랍-이슬람군과 지중해 세계 여러 곳에 벌인 대결은 강력한 해군력 없이는 상상할 수 없는 일이었다.

당시로서는 가공할 화력인 '그리스의 불(Greek Fire)'로 무장한 제국의 해군은 기복은 있었지만 적군에게 공포의 대상이었다. 비잔틴제국의 해군은 '그리스의 불'로 적의 배를 공격했다. 역사가들은 유황 같은 발화성 물질을 이용해서 만든 불덩이로 보지만, 비잔틴인들은 7세기부터 가연성 혼합물질을 이용해 적을 공격했다. 고대 작가들이 불화살, 불 항아리, 나프타, 황, 숯 따위에 대해 이야기한 것에서 미루어 볼 때 그리스에서는 고대부터 발화물질을 전쟁에 사용해 왔던 것 같다. 하지만 비잔틴제국이 자랑한 '그리스의 불'은 콘스탄티누스 4세 때에 시리아가 아랍에게 정복된 뒤 그리스로 이주한 시리아계 그리스인들이 만든 것이라고 한다.

불을 붙이기 쉽고 한번 붙으면 잘 꺼지지 않은 그리스의 화약은 항아리에 담아서 날려 보낼 수도 있었고, 쇠붙이 따위로 만든 관을 이용해 지금의 유도탄처럼 멀리까지 쏠 수도 있었다. 이슬람제국의 함대가 673년에 비잔티움을 공격해 오자 비잔틴 함대들은 오늘날의 대포 비슷한 기구를 뱃머리에 설치하고 '그리스의 불'을 적의 배에 발사해 물리쳤다.

앞에서 이야기했지만, 732년의 투르전쟁과 비교되는 717~718년의 해전에서도 '그리스의 불'은 위력을 발휘했다. 당시 레온 3세의 해군은 매서운 겨울 추위로 고통받고 있던 아랍군을 '그리스의 불'로 공격해 물리쳤다. 그것은 로마노스 1세 때 슬라브족 함대와 싸울 때도 적군을 공포에 떨게 했다. '그리스의 불'을 이용해 에게해와 중동 지역에서 국력을 과시한 니케포로스 2세는 "짐만이 바다를 호령한다"고 말할 정도였다. 사실 이탈리아의 도시 코뮌들이 동지중해에서 강력한 세력으로 등장하기 이전까지 비잔틴제국의 해군이 지중해를 지배했다. '그리스의 불' 덕분에 비잔틴제국은 외적들, 특히 아랍과 투르크족의 연이은 공격에도 굴하지 않고 살아남을 수 있었다. 제독이 지휘한 제국의 함대는 신속하게 움직이는 소규모 함선으로 구성되었고, 또한 목선에 매우 효과적인 '그리스의 불'로 무장했다. 물론 수병들의 개인 무기는 육군의 무기와 크게 다르지 않았다. 그처럼 제국의 핵심 군사력이었던 해군도 세월과 더불어 여러 면에서 변화를 겪었다. 육군과의 경쟁, 일부 황제들의 단견, 해상 교역의 침체, 해군 장비에 드는 재정적 부담 때문에 해군력을 일정하게 유지하지 못했다.

비잔틴제국의 활발한 교역 활동

비잔틴제국은 동지중해와 흑해를 중심으로 주변 지역과 활발히 교역했으며, 서유럽의 봉건국가들에 비해서는 농업, 상업, 공업이 비교적 균형 있게 발전했다. 여러 산업 중에서도 가장 활발한 것은 해상 교역을 필두로 한 상업이었다.

비잔틴제국은 제조업만이 아니라 상업도 국가가 통제했다. 이윤이 큰 곡물과 견직물 교역은 정부가 독점했고, 거기다 모든 상인은 정부의 엄격한 규제를 받아야 했다. 하지만 제국의 상인들은 한동안 지중해, 특히 동지중해 각지에 상업망을 구축하고 교역 활동을 활발히 전개했다.

비잔티움의 금각만과 또 다른 부두에는 지중해 각지에서

온 배들로 가득 차 있었고, 시장에는 비단, 색실로 짠 주단, 양탄자, 보석, 캐비닛 같은 고급가구 등 다양하고 값비싼 상품들이 넘쳐흘렀다. 그 밖에도 면직물, 설탕, 향료 같은 동방에서 온 물산이 대량으로 비잔티움에 들어왔고, 모직물과 광물 등 서유럽의 산물들도 베네치아와 제노바 같은 이탈리아 도시들에서 비잔티움으로 운송되었다.

베네치아와 제노바 등 이탈리아 상인들을 비롯해 유럽 각지의 상인들이 동지중해 상업의 중심지인 비잔티움으로 모여든 것은 당연했다. 제국은 아랍-이슬람제국이 강성해진 이후 동방의 시장은 잃었지만 서방세계와의 교역은 11세기 말에 이르기까지 왕성하게 이루어졌다. 제국은 '베잔트bezant'의 가치를 유지하기 위해 노력했고 또한 어느 정도 성공했다. 11세기 중엽까지 본래의 가치를 보유한 '베잔트'는 다른 화폐들보다 선호되었으며, 지중해 각지에서는 물론 인도 남부의 스리랑카에서도 유통되었다.

지중해 세계에서 비잔틴제국의 경제적 지위는 수도 비잔티움을 비롯한 여러 도시들의 번영이 입증해 준다. 당시 지중해 세계의 산업과 교역의 중심지였던 비잔티움은 이미 7세기 말 무렵에 백만 명에 달하는 인구를 자랑했다. 제2의 '황금기'를 지나 국력이 눈에 띄게 약해지기 시작한 12세기에 비잔티움을 찾은 어느 무슬림은 "바그다드를 제외하고는 그것에 견줄 도시가 이 세상에 없다"고 말했다. 서유럽 출신의 어느 여행가노 "전 세계 재화의 2/3가 비산티움에 모여 있다"고 말했다.[9]

한 무슬림과 유럽인 여행가가 본 것은 제국이 약화되기 시작하거나 아주 약화된 12세기와 13세기의 비잔티움이라는 사실을 염두에 두어야 한다. 앞에서 지적했지만, 지중해 세계의 국제도시 비잔티움은 대포가 등장하기 전까지 사실 난공불락의 요새였다.

제국에는 그 밖에도 인구가 50만 명에 달한 테살로니키를 비롯해 크고 작은 도시들이 있었다. 안티오키아와 알레포도 한때는 번영하는 도시들이었다. 하지만 셀주크 투르크족의 침입, 베네치아와 제노바 같은 이탈리아 해양 도시들의 지중해 진출, 십자군전쟁 등으로 인해 11세기 이후 비잔틴제국의 교역은 침체에 빠졌다.

비잔틴제국의 지식과 예술의 성취

비잔틴제국의 문화는 고대 그리스문명을 바탕으로 고대 로마문명, 기독교문명, 페르시아문명과 아랍문명 등이 융합된 문화였다. 특히 언어, 문학, 교육, 철학, 과학 등 지식 문화에서는 그리스의 요소가 크게 작용했고, 정치체제, 법률, 군사 등에서는 로마의 요소가 우세했다. 서유럽에서와 같이 기독교는 예술과 학문은 물론 정치와 사회 모두에 깊고 넓게 침투했다. 중동 지역을 비롯한 오리엔트문화 또한 종교, 예술, 건축 등에서 제국의 문화 발전에 기여했다. 여기서는 법률, 건축, 미술을 살펴보자.

법률과 법전의 편찬

비잔틴제국은 법전들을 남겨 서양 세계의 법률 문화에 큰 영향을 주었다. 특히 유스티니아누스 1세는 고대 로마의 법률, 법률 학설, 법학 이론 등을 집대성해 후대의 법률 발전에 중요한 공헌을 했다. 그는 옛 법과 새로운 법으로 이루어진 로마의 법률이 지나치게 복잡하고 혼란스럽다는 것을 깨닫고 새롭게 정리해 편찬하게 했다. 그래서 트리보니아누스 등 법학자 20여 명이 7년에 걸쳐 하드리아누스(117~138) 이래 로마의 법률, 법령, 법학 학설, 관습 등을 집대성해 로마법전(Corpus Juris Civilis, 유스티니아누스법전)을 남겼다. 하지만 이 법전은 로마법을 편집한 것이라기보다 새로운 형태로, 그리고 일련의 주제로 새롭게 설명한 것으로 평가된다.

그중에서 529년에 완성된 '법전(Codex)'은 유스티니아누스시대의 것을 포함해 로마 법률을 정리한 것이다. 원본은 분실되었지만 534년의 개정판이 남아 있어 로마법전으로 불린다. 533년에 완성된 '법학논총(Digest)'은 법학자 50여 명이 법률 이론을 정리한 것이며, 역시 533년에 완성된 '적요(Institutes)'는 전체 내용을 개괄한 것이다. 그리고 마지막 법전인 '신법전(Novels)'은 유스티니아누스 시대의 새로운 법률집이다.

일부 역사가들은 멸망한 로마제국(서로마제국)이 언어(라틴어)와 법률을 통해서 다시 세계를 지배했다고 평한다. 라틴어로 기록된 로마법전이 담고 있는 로마법은 중세와 근대에 서구에서 널리 받아들여 적용했다. 당연하지만 중세 전체를 통해 로마법은 활발히 연구되었고, 교회법을 비롯해 중세 법률에 광범위한 영향을 끼쳤다.

중세의 문서 작성법 교사들인 딕타토레dictatore와 더불어 휴머니스트의 선구자로 평가받는 로마 법학자들은 프랑스와 이탈리아 등지에서 로마법은 물론 라틴어 시, 역사, 도덕철학에 대한 관심을 불러일으켜 르네상스문화를 일으키는 데 기여했다. 가장 두드러진 사례이긴 하지만, 독일의 경우 1900년에 제국 전체에 적용된 법률을 제정하기 전까지 로마법전의 법률이 보편적으로 적용되었다.

11세기 이후부터는 법학자들이 로마 법률이 아닌 다른 법률에 영향을 받기도 했지만, 로마법전의 법률은 '로마법'이란 이름 아래 유럽 여러 나라에서, 그리고 오랜 시간 동안 수용되고 해석되었다. 로마법 체계와는 다른 법률체계인 잉글랜드의 '시민법' 또한 로마법에 가까운 것으로 평가된다. 고대의 함무라비법전, 근대의 나폴레옹법전과 함께 널리 알려진 로마법전은 그처럼 근대 유럽의 법률 및 그것에서 파생된 법률 체계에 광범위한 영향을 끼쳤다.[10]

8세기에는 새로운 법령집인 '법률선法律選'이 나왔다. 유스티니아누스법전을 수정하고 보완한 이 법전은 기독교 원리는 물론 라틴적 요소가 약화된 비잔틴제국의 성격을 반영했다. 예컨대 법률선에서는 형벌이 완화되어 사형이 다른 형벌로 대체되었다. 레온 6세 때에는 '그리스어 역 개정 로마법대전'이라는 새 법령집을 만들었다. 비잔틴제국에는 그 밖에도 상법인 '해양법', 농업법인 '농민의 법', 군사법인 '군인법'이 있었다. 특히 '로디아해양법'으로 알려진 '해양법', 즉 상법은 서구에서 상법과 해양법을 만들고 발전하게 하는 데 중요한 영향을 끼쳤다.

제국의 최고 재판관은 황제였다. 뿐만 아니라 재판은 오직 황제의 이름으로만 할 수 있었다. 황제의 신료들은 황제가 위임한 권한으로만 판결을 내릴 수 있었다. 따라서 이론상으로 볼 때 유죄판결을 받은 자는 언제나 황제에게 상소할 수 있었다. 사실 황제가 백성의 상소를 받아들여 새로운 판결을 내린 경우도 있었다. 예컨대 헤라클레이오스는 어느 과부의 땅을 빼앗고 과부의 아들을 죽인 관리를 처벌했다.

특히 테오필로스는 매주 교회에서 공정한 재판을 한 것으로 유명하다. 사실 테오필로스는 아랍과 싸워서 많이 졌다. 그는 831년과 837년의 자페트라 싸움과 아르사모사타에서 작은 승리를 거두었을 뿐, 831년에는 시칠리아의 팔레르모를 잃었고, 838년에는 앙카라와 그 서쪽의 아모리움을 빼앗기는 등 아랍에게 연이어 졌다. 이렇듯 테오필로스는 특기할 만한 업적을 남기지는 못했으나 정의를 구현하는 데 힘쓴 것으로 보이는데, 다음의 두 가지 일화가 그것을 말해준다.

어떤 가난한 여인이 테오필로스의 발밑에 엎드려 울면서, 어느 고관이 여인의 집 옆에 짓고 있는 거대하고 호화로운 저택 때문에 집에 햇빛과 공기가 사라졌다고 호소했다. 그 고관은 황후의 농생이었다. 황제는 고관이 자신의 처남이라는 사실에 개의치 않고, 신하에게 진상을 조사하도록 명했다. 그리고 여인의 말이 사실로 판명되자 황제는 처남을 벌거벗겨 매질하게 했을 뿐만 아니라 저택을 헐고 저택이 있던 땅을 여인에게 주도록 했다.

또 한 번은 한 여인이 테오필로스의 말고삐를 붙잡고 그 말이 자신의 말이니 돌려 달라고 호소했다. 그는 여인을 궁궐로 데려가 자초지종을 들었다. 여인이 사는 곳의 군사령관이 남편의 말을 빼앗아 아첨하기 위해 황제에게 바쳤을 뿐만 아니라 남편을 보병대와 싸우게 만들어 결국 죽게 했다는 것이다. 혐의를 부인하던 사령관은 황제 앞에서 그 여인을 만나자 마침내 죄를 인정했다. 황제는 그 자리에서 바로 사령관을 파면하고 재산의 일부를 몰수해 여인에게 주었다.[11]

건축과 미술

비잔틴제국의 문화 중에서 독창적이면서 유럽에 가장 큰 영향을 끼친 것은 미술이었다. 비잔틴미술은 고대 그리스와 로마 및 오리엔트의 미술을 흡수해 기독교 미술에 융합함으로써 고전과 조화를 이루면서 초월적 신비성을 띠었다. 비잔틴인들은, 돔 및 궁륭(가운데는 높고 둘레는 차차 낮아지는 양식)은 오리엔트에서, 바실리카는 그리스-로마에서, 모자이크 같은 장식은 시리아와 팔레스타인에서 배웠다.

비잔틴인들은 미술 중에서도 조형미술에서 뛰어난 재능을 발휘했는데, 특히 중세 초기에는 비잔틴의 유스티니아누스 양식이 기독교 건축을 주도했다. 물론 유스티니아누스 양식의 미술을 대표하는 것은 현재 이스탄불에 남아 있는 성소피아성당이다. 성소피아성당은 로마의 바실리카 양식과 페르시아의 둥근 지붕 양식을 결합해서 만든 걸작이다. 거기다 눈부신 색채 대리석과 에나멜, 벽과 천장의 선명한 모자이크 그림 등이 교회의 내부를 아름답게 꾸몄다. 웅장한 규모와 뛰어난 구조, 장엄하면서도 화려한 내부 장식, 신의 나라에라도 온 것 같은 느낌을 주는 교회, 그것이 성소피아성당이다. 이탈리아의 라벤나에 있는 산비탈레교회는 유스티니아누스 양식이 변형된 건축물이다. 테살로니키, 키에프, 노보고로드 등에도 성소피아성당을 세웠다.

성소피아성당(Hagia Sophia)을 조금 더 자세히 살펴보자. 이 성당은 높이 56m에 지름 30m에 달하는 돔을 자랑하는 거대하고 장엄한 건축물이다. 1천 5백여 년 동안 폭풍우는 물론 여러 차례에 걸친 대지진에도 끄떡없이 그 자리에 버티고 서 있다. 성소피아성당이 완공된 뒤 유스티니아누스는 "솔로몬이여, 내가 그대를 이겼노라"라고 외쳤다고 한다. 성소피아성당의 기본 구조는 밑변의 길이가 각각 약 78m와 72m인 그리스 십자가이며, 창문 40개가 받아들이는 빛이 성당 안의 현란한 모자이크와 대리석 장식을 비춘다. 뿐만 아니라 둥근 지붕(돔)과 모자이크 장식이 빛나는 성당은 기둥들이 내부 공간을 차지하지 않도록 설계했다.

유스티니아누스황제는 니키의 빈란으로 무니진 싱소피아싱

당을 '그와 같이 훌륭한 것은 아담 이래 일찍이 없었고 또 앞으로도 없을 교회'로 짓기로 작정했다고 한다. 당시 어떤 사람은 성당의 둥근 지붕(돔)을 '놀랍고 무서운' 작품으로 묘사하면서 "견고한 석조 건물이 받치고 있다기보다 차라리 하늘에서 황금사슬로 매단 것처럼 느껴진다"고 말했다.

유스티니아누스 시대의 역사가 프로코피우스도 이 교회의 장엄함과 아름다움을 다음과 같이 칭송한다.

> 이 교회에 들어가면 단번에 그것이 사람의 노력이나 근면으로 이루어진 것이 아니라 신의 힘으로 이루어진 작품이라는 것을 느낀다. 그리고 정신은 하늘에라도 오른 듯하여 신이 바로 가까이 계시고 신 스스로 택하신 이 거처를 기뻐하심을 깨닫는다.

앞에서 오스만제국이 비잔틴제국을 정복한 뒤 성소피아성당을 이슬람교 모스크(사원)로 사용한 사실을 이야기했지만, 그들은 적어도 성소피아성당을 파괴하지는 않았다. 오히려 그들은 성소피아성당의 건축과 예술의 탁월성을 인정하고 예찬했으며, 심지어 이슬람사원을 지을 때 모방했다. 특히 아흐메드 1세는 성소피아성당에서 멀지 않은 곳에 규모와 아름다움에서 성소피아성당을 능가하는 모스크를 지으려고 했으나, 그가 지은 블루모스크는 규모를 제외하고는 설계의 탁월성과 예술성 등에서 성소피아성당의 맞수가 되지는 못했다.

비잔틴 양식으로 지은 건물의 기본 구조는 십자가의 네 가지의 길이가 같은 그리스 십자가형이다. 십자형의 중앙에 돔이 있고, 그 아래로 반원형 궁륭 네 개가 십자형을 만들며, 다시 작은 돔 네 개가 첨가된다. 그런 형태의 그리스 십자가형 건축은 9세기 이후 비잔티움을 중심으로 비잔틴제국 전체에서 널리 유행했다.

제국이 제2의 전성기를 누린 마케도니아 왕조 때는 구조와 장식 모두에서 약간 개선을 했다. 역시 네 가지의 길이가 같은 그리스 십자가 형태이지만 더 우아하고 정교하며 빛이 더 잘 통하게 설계했다. 교회 외부는 여러 색깔의 벽돌로 처리했으며, 중앙의 돔은 다시 작은 돔 네 개로 둘러싸여 있다. 벽 대신 원주圓柱가 돔을 받치고 있어 안이 한층 더 밝고 우아하다.

바실레이오스 1세가 비잔티움에 지은 '신교회', 베네치아에 있는 성마르크성당, 시칠리아와 남부 프랑스에 있는 여러 교회는 마케도니아 양식이다. 그리고 불가리아, 세르비아, 러시아의 교회도 지역 특색이 더해졌지만 마케도니아 양식이다. 비잔틴제국은 그 밖에도 성에이레네교회, 사도교회, 성폴리우크토스교회 등 많은 교회를 남겼다. 특히 성마르크성당은 규모는 작지만 회랑 밖에 있는 청동 말 네 마리, 많은 첨탑과 조상彫像들, 그리고 모자이크 그림 등으로 잘 알려져 있다.

제국은 아름답고 장엄한 건물만이 아니라 조각이나 공예 분야에서도 훌륭한 작품들을 남겼다. 제국 초기에는 동방의 사실주의적 정서가 강했지만 점차 고전 양식이 **부활**해 마케도니아 왕조에 들어와서는 두 가지 양식이 융합했다. 성마르크 교회의 부조浮彫, 이스탄불 박물관에 남아 있는 아프로디시아스의 대리석 겉옷, 성게오르그교회의 대리석 판넬(버진 오란스), 성소피아성당의 조각들은 그중에서도 잘 알려진 걸작들이다.

비잔틴의 종교미술은 그리스미술과 페르시아-아랍의 미술을 융합한 독특한 미술이다. 접시나 제기祭器 같은 금은 세공품, 상아 세공품, 다양한 소재의 성상이나 성작聖爵 세공품과 색채 성화들, 실크 옷감, 에나멜 장식, 필사본의 채색 장식 등도 비잔틴제국의 문화적 우수성을 엿보게 한다.

비잔틴미술에서 빼놓을 수 없는 것 중의 하나는 모자이크다. 비잔틴인들은 아주 뛰어난 모자이크 장인들이었다. 유리와 대리석의 작은 육면체들은 내구성과 색채를 자랑하며, 빛의 굴절 정도에 따라 색채와 이미지가 묘하게 바뀐다. 모자이크는 오늘날에도 성소피아성당을 비롯해 – 대부분이 훼손되고 일부만 남아 있다 – 비잔틴 양식으로 지은 여러 교회를 장식하고 있다. 특히 성비탈레교회의 모자이크는 아름답기로 유명하다.

12~13세기에는 모자이크 대신 프레스코화로 건물의 내부를 장식했다. 프레스코화는 모자이크에 비해 자유롭게, 그리고 더 자연스럽고 사실감 있게 표현할 수 있다. 더 값싼 모자이크라고 해도 좋을 프레스코화는 오늘날 그리스와 마케도니아의 작은 교회에서 쉽게 찾아볼 수 있다.

비잔틴제국의 역사적 공헌

서구의 역사가들은 한 세기 전까지만 해도 비잔틴제국의 역사를 소홀히 다루었다. 그들은 비잔틴제국을 흔히 낮은 차원의 제국으로 인식했다. 고대 그리스나 로마의 탁월한 문화적 업적에 비추어 그렇게 평가한 것이기는 하지만, 서유럽 가톨릭 문화권 인사들의 그리스정교 세계와 그 문화에 대한 편견도 작용했을 것이다. 그렇지만 앞에서 살펴보았듯이 비잔틴제국이 문학, 학문, 예술 등에서 훌륭하고 독창적인 문화를 창조했을 뿐만 아니라 서구 기독교 세계를 보호하고 슬라브족을 기독교로 개종하게 함으로써 인류 역사에 크게 이바지했음을 부인할 수 없다.

서유럽 기독교 세계 보호와 고전 보전

물론 서구 기독교 세계 중심의 이야기이지만, 비잔틴제국은 동쪽, 즉 발칸반도와 소아시아에서 이슬람제국의 확장을 막아 결과적으로 서구 기독교 세계를 보호했다. 역사가들은 카롤루스 마르텔이 732년에 투르에서 거둔 승리와 717년과 718년에 제국의 레온 3세가 비잔티움을 아랍-이슬람제국의 공격으로부터 지켜 낸 사건을 역사적 의미에서 비교한다. 일부 역사가들은 레온 3세의 승리에 오히려 더 큰 의미를 부여하려 한다.

12~13세기 이후 비잔틴제국의 국력은 크게 약해졌다. 그러나 제국은 이슬람 세계의 새로운 강자로 등장한 오스만 투르크가 유럽을 침범하는 것을 한동안 막을 수 있었다. 물론 14세기 이후 제국의 영역은 수도 비잔티움과 그 주변 지역으로 줄어들었기 때문에 더는 서유럽을 보호하는 방벽 역할을 효율적으로 수행하지 못했다. 하지만 제국은 오랫동안 이슬람 세계가 유럽에 침범하는 것을 막아 주었고, 원했건 원하지 않았건 서구 기독교 세계와 문화를 보호하는 역할을 했다.

비잔틴제국은 또한 고전 문화의 보존자였다. 게르만족의 이동으로 로마문화가 파괴되면서 서방 세계에서는 고대 로마의 고전은 물론 그리스의 고전도 파괴되고 없어졌다. 서구에서는 그리스어 철학이나 고전 문학을 쉽게 접할 수 없게 되었지만, 비잔틴인들은 줄곧 그리스 고전을 보존하거나 복사하고 연구했다. 또한 이와 같은 고전의 복사와 연구가 서방에서처럼 수도원 중심으로만 이루어진 것이 아니라 도서관이나 학교에서도 이루어졌다.

특히 유스티니아누스 황제가 폐쇄한 것으로 알려진 비잔티움의 '제국대학'-콘스탄티누스대제 때부터 있었던 것으로 추정된다-은 철학, 천문학, 기하학, 수사학, 음악, 문법, 법률, 의학, 수학 등을 배운 지식인들을 많이 배출해 정부와 교회 그리고 법정에서 일할 수 있게 해주었다. 수도에 있던 비잔티움 총주교의 학교 역시 신학을 중심으로 종교 분야를 가르쳤다. 이런 활발한 교육과 학문 연구는 고전 보전에 이바지했다.

역사가들은 비잔틴제국이 없었다면 오늘날 우리는 플라톤과 아리스토텔레스, 혹은 호메로스와 소포클레스를 알지 못하거나 다르게 알 것이라고 말한다. 제국이 고전을 보전하지 못했더라면 현재의 철학, 문학, 법학 등은 아마도 매우 빈약할 것이며, 따라서 우리의 문화 수준은 아주 낮을 것이다. 고대 그리스의 살아 있는 문화를 보전하고 발전시켜 우리에게 넘겨준 것은 비잔틴제국의 중요한 문화적 성취이자 공헌이었다.

동방정교회의 성장

앞에서 기독교의 분열을 잠시 살펴보았지만, 여기서 비잔틴제국에서 기독교가 발전하는 모습과 특징을 간략하게 살펴보기로 하자.

비잔틴제국의 한 가지 특징은 교회의 성장이었다. 비잔틴교회는 사실 제국의 교회보다 더 넓은 영역을 관할했다. 특히 불가리아인, 세르비아인, 러시아인을 포함한 남부 지역 슬라브족이 9세기에서 10세기에 걸쳐 기독교로 개종했다. 물론 슬라브족 교회들은 비잔티움 대주교의 지도 아래 조직되었다. 나중에 각 지역의 슬라브족이 자체에서 총대주교를 선임한 이후에도 비잔티움 대주교의 주도권은 흔들리지 않았다.

또 다른 특징은 황제가 종교에서도 최고 수장이었다는 점이다. '황제교황체제'의 토대를 놓은 것으로 평가받는 유스티니아누스 1세 이후 제국의 교회는 형식상 황제 아래 있었다. 물론 황제교황주의는 일반적으로 원칙론의 성격을 넘어서지 않는 이념에 지나지 않았으나— 앞서 말했듯이, 황제들은 종교 문제에 깊이 개입했지만 대개 당초의 목적을 달성하지 못했다 — 교회는 황제의 의지에 좌우되기도 했다.

비잔틴교회는 서구의 로마교회와 경쟁했을 뿐만 아니라 그것과는 대조되는 모습으로 발전했다. 로마제국의 분열로 정치적으로 멀어진 두 교회는 게르만족이 서로마제국을 해체하고, 비잔틴제국이 이슬람제국과의 싸움에 매달리면서 지리적으로도 멀어졌다. 거기다 서방에서는 그리스의 요소가 사라져 가고, 동방에서도 라틴의 요소가 옅어지면서 언어 장벽이 두 교회를 갈라놓았다. 또한 정서와 관습의 차이도 작용했다. 서유럽의 기독교가 타협적 제도와 조직을 중시한 데 반해 제국의 교회는 현실과 유리된 이상을 추구하고 이론을 더 선호했다.

관계가 서먹해지면서 두 교회의 주도권을 둘러싼 대립 또한 격화되었다. 사실 콘스탄티노플이 새로운 수도가 된 이후 콘스탄티노플, 즉 '신로마'의 주교들은 '구로마', 곧 로마주교들의 경쟁자가 되었다. 콘스탄티노플 대주교는 콘스탄티노플에서 열린 제2회 에큐메니칼 종교회의(381)에서 '콘스탄티노플이 새로운 수도이기 때문에' 권위에서 로마주교에만 뒤진다고 선언했다. 그리고 451년에 열린 칼케돈 종교회의에서 비잔틴 제국의 주교들은 콘스탄티노플 대주교가 로마주교와 동등한 권위를 갖는다는 결의안을 통과시켰다. 물론 교황 레오 3세는 이 결의안을 인정하지 않았다. 6세기에 들어와 교황 그레고리우스 1세는 콘스탄티노플 대주교에게 '전 세계의 대주교'라는 칭호를 수여했다.

로마교회의 특징이 교황 체제와 세계적 교회의 성격이라면 비잔틴교회의 특징은 대주교 체제와 국가적 교회 조직이다. 세월이 흐르면서 점점 더 뚜렷하게 교리와 예배에서 차이가 난 점 또한 두 교회의 대립을 더욱 자극했다. 8~9세기의 '성상파괴운동' 또한 황제와 교황만이 아니라 비잔틴교회와 로마교회가 서로 불신하고 대립하는 방향으로 흘렀다.

로마교회와 비잔틴교회의 경쟁과 대립은 9세기에서 11세기에 걸쳐 더욱 심해졌다. 두 교회는 10세기 말에 개종한 슬라브족 교회의 관할권을 놓고 다툰 것은 물론 노르만족이 남이탈리아와 시칠리아에 진출한 뒤 그 지역의 교회들이 로마교황청의 관할 아래 들어간 것, 클뤼니-그레고리우스 개혁에서 교황의 우월권을 수장한 것, 신학상의 상이한 주장 등의 문제로 충돌했다. 실질적이든 형식적이든 두 교회를 대표한 황제와 교황은 자주 충돌할 수밖에 없었다.

바라다스와 교황 니콜라스 1세와 대립한 것도 충돌의 한 가지 사례다. 미카엘 3세 때 카에사르 칭호를 받은 실권자 바라다스가 858년에 비잔티움 총대주교 이그나티오스를 쫓아내고 포티오스를 그 자리에 앉혔을 때 이그나티오스를 지지한 교황 니콜라스 1세는 포티오스를 찬탈자로 규정했다. 반면 포티오스와 그 지지자들은 교황청의 간섭을 용인하지 않으려 했다. 비잔티움 측은 로마교회가 '신조'에 '그리고 성자로부터' 성령이 발현한다고 한 필리오케filioque를 포함하는 것 등을 들어 이단으로 흐른다고 비난했다. 동방교회는 필리오케를 첨가한 것을 최종적으로 신조를 정리한 칼케돈 종교회의(451)의 선언을 벗어나는 것으로 여겼다.

로마와 비잔틴교회는 특히 비잔틴교회에 소속되어 있던 남이탈리아 교회가 교황청의 교회로 바뀌고, 클뤼니-그레고리우스 개혁 세력이 교황의 우월권을 주장하면서 11세기 중엽에 날카롭게 대립했다. 사태를 해결하기 위해 교황 레오 9세는 강경파 추기경 훔볼트가 이끈 사절단을 비잔티움에 파견했으나 양측은 비난과 파문을 교환했을 뿐이다(1054). 그리하여 두 교회는 완전히 갈라섰다. 1245년의 리용 종교회의와 1430년의 피렌체 종교회의에서 두 교회가 다시 통합하려고 시도했지만 비잔틴교회의 신도와 대부분의 성직자가 로마에 복종하기를 거부했고, 분열은 현재까지 지속되고 있다.

로마교회가 중앙집권적, 국제적, 성직자적 조직을 자랑한다면, 비잔틴교회는 그에 비해 주교 중심적, 국가적 교회이다. 불가리아, 세르비아, 러시아의 동방정교회도 따라서 자체의 총대주교를 갖게 되었다. 비잔틴인들이 예배에서 그리스어 신조를 사용했듯이 슬라브인들은 슬라브어 신조를 사용했다.

그리하여 동방교회를 결속하게 한 것은 니케아 종교회의(325)로 시작해서 제2차 니케아 종교회의(787)로 끝난 초기의 일곱 차례 에큐메니칼 종교회의가 채택한 선언뿐이었다. 로마교회가 분열된 뒤 종교회의와 교황청 우월성 주장 등을 통해 발전시킨 도그마를 동방교회는 받아들이지 않았다. 동방교회는, 서구의 신학자들이 제시한 '이성에 의한 신앙' 이론을 외면한 반면, 교리와 예배 모두에서 더 정적이었다.

제국의 수도원운동 또한 서유럽에서처럼 왕성했지만 대체로 불변적, 보수적, 내면적 성격을 띠었다. 동방의 수도원은 서구에 비해 밖으로 다양한 활동을 하지 않았고, 큰 규모로 조직되지도 않았다. 또한 동방의 수도원들은 서구와 달리 자선 활동과 교육 활동 그리고 전도 활동을 활발히 전개한 교단 조직으로 발전하지도 않았다. 물론 제국의 수도사들도 가난한 자들을 돕거나 의료 사업을 펴기도 했으며, 때로는 '프로토스 protos'라고 부르는 지도자를 중심으로 결속한 조직을 만들기도 했다. 하지만 동방의 수도원들은 서구에 비하면 영적, 신비적 경향이 더 강했다.

비잔틴교회는 '황세교황주의' 제제였기 때문에 대체로 황제가 종교에 영향력을 행사했다. 유스티니아누스 1세 이래 황제들은 정치는 물론 종교 문제에서도 절대 권력을 행사한 것으로 여겨져 왔다. 하지만 이것은 과장된 면이 없지 않다. 황제들은 종교에 깊은 관심을 가지고 종교 분쟁에 개입하고 종교와 관련된 법률을 제정하고, 총대주교를 임명하고 해임했으며, 때로는 신학 논문을 쓰기도 했지만, 종교 일을 좌지우지했다고 보기는 어렵다.

로마제국 말기의 콘스탄티누스, 발렌스(재위 364~378), 테오도시우스 2세(재위 408~450) 등은 물론 헤라클레이오스, 이사우리아, 아모리아 왕조의 일부 황제들도 성직자를 임명하거나 해임하고 교리 문제에 개입했다. 하지만 교회를 지배하려고 한 황제들의 노력은 대개 실패했다. 비잔틴교회와 로마교회의 통합을 시도한 일부 황제들의 노력 또한 정치적, 종교적 이유로 실패했다. 사실 종교 문제에 개입하려고 한 황제들의 시도는 대개 교회의 다수 세력의 저항을 받았다.

기독교로 개종한 슬라브족

비잔틴제국은 고전을 보전하고 서구 기독교 세계를 보호한 것 말고도 슬라브족을 기독교로 개종하게 만든 의미 있는 역사적 역할을 했다.

비잔틴제국과 슬라브족은 전쟁 상태에 있기도 했지만, 때로는 통상조약을 체결하는 등 평화롭게 교류하기도 했다. 많은 러시아인들이 비잔티움에 머물기도 했는데, 무장하지 않은 그들은 제국 군인들의 감시 아래 한꺼번에 50여 명씩 한 문으로 들어갈 수 있었다고 한다. 이는 비잔틴인들이 야만스런 러시아인들을 경계하고 있었다는 것을 말해 주기도 하지만, 다른 한편 많은 러시아인들이 비잔티움에 왕래했음을 말해 주기도 한다. 당시 비잔티움을 왕래한 러시아인들 중에는 원시적 다신교에서 기독교로 개종하는 사람들도 있었다. 945년에 체결된 통상조약을 보면, 러시아 사신의 일부는 이미 기독교도였다는 사실과 그들이 십자가를 두고 조약을 지킬 것을 서약한 것을 알 수 있다.

비잔티움을 방문한 키에프의 이고르 대공 비妃 올가 – 대공이 죽은 뒤 섭정으로 키에프를 통치했다 – 는 955년에 황제 콘스탄티누스 7세에게 세례를 받았다. 총대주교의 도움을 받아 세례 의식을 베푼 뒤 올가의 미모에 반한 황제가 아내로 삼으려 하자, "폐하가 손수 저에게 세례를 주시고 자기 딸이라고 부르신 터에 어떻게 저하고 결혼할 수 있겠습니까?" 하면서 거절했다고 한다. 키에프 왕가 최초의 그리스정교회 신자가 된 올가는 나중에 러시아 그리스정교회 최초의 성인聖人이 되었다.

러시아 전체가 개종한 것은 키에프와 러시아의 대공 블라디미르가 치세한 980년대 말이었다. 전설에 따르면 블라디미르는 각 종교를 대표하는 사람들의 방문을 받고 종교에 관한 이야기를 들었는데, '할례를 하며 돼지고기와 술을 금한' 이슬람교를 물리쳤다. 그는 "술 마시는 것은 러시아인의 기쁨이다. 우리는 그 약 없이는 살 수 없다"고 말했다고 한다. 오늘날 잘 알려져 있는 러시아인의 음주 문화는 이처럼 역사와 전통을 자랑하는 관습이다.

또한 블라디미르는 유대교는 신이 유대인 신도들을 고향인 예루살렘에 머물러 살 수 있게 해주지 못할 만큼 강하지 못한 것이 마음에 들지 않아 고개를 돌렸다. 그는 비잔틴인들의 기독교 또한 일정 기간 단식을 요구하므로 일단 물리쳤으나 기독교 국가들에 사신을 보내 다시 알아보게 했다. 사신들은 다음과 같이 보고했다.

> 이슬람교도의 나라를 여행했을 때 그들이 사원에서 어떻게 예배하는지 보았는데 (중략) 그들에겐 아무런 행복도 없고 오직 슬픔과 고약한 냄새가 있을 뿐입니다. (중략) 그리고 나서 독일인(가톨릭교도)들이 있는 곳에 가서 그들이 예배당에서 많은 의식을 지내는 것을 보았으나 거기엔 아무런 영광도 없었습니다. (중략) 그리스인들이 자기네 신을 예배하는 성당으로 우리를 데려갔는데, 우리는 하늘에 있는지 땅 위에 있는지 모를 지경이었습니다. (중략) 우리는 신이 거기 사람들 사이에 계시며, 그들의 의식이 다른 나라의 의식보다 더 아름답다는 것을 알 따름입니다.[12]

이런 보고를 받은 블라디미르는 얼마 지나지 않아 기독교로 개종해 세례를 받았고(988), 황제 바실레이오스의 누이 안네와 결혼했다(989). 그리고 황제에게서 기독교식 이름인 바실리란 이름을 얻었다. 키에프에 귀환한 뒤 도시의 모든 우상을 파괴하고, 단 하루 만에 강제로 모든 주민들이 드네프르강에서 세례를 받게 했다고 한다. 그래서 러시아인들은 기독교도가 되었고, 종교와 문화를 전해 준 비잔티움은 러시아인들에게 '차르그라드', 곧 황제의 도시가 되었다.

말할 것도 없이 러시아인들에게 개종은 모든 면에서 커다란 변화를 의미했다. 많은 교회와 수도원이 생겨나고, 성직자들은 종교 문제는 물론 기독교도들의 도덕이나 가족 관계와 관련된 사건에서 사법권을 행사했다. 정식 교육을 비로소 실시했고, 러시아어 문학도 나타나기 시작했다. 비잔틴양식의 미술이 들어오고 또 그것을 모방했다. 키에프의 성소피아성당은 비잔티움의 성소피아성당 못지않게 아주 웅장하고 화려했다.

초기의 키에프주교는 비잔틴 황제가 임명한 그리스인이었지만 러시아교회는 얼마 지나지 않아 독립성을 누렸다. 비잔틴인들은, 로마교회가 어디에서나 라틴어 성서와 전례를 고집한 것과는 달리, 예배에서 그리스어를 고집하지 않았다. 그것은 러시아 성직자가 그리스어를 반드시 배우지 않아도 된다는 것을 의미했다. 러시아어 문자의 기초도 이때 마련되었다.

'이방인의 사도' 바울에게서 기독교를 받아들인 테살로니키 출신의 키릴로스와 메토디우스 형제가 860년대 초에 모라비아(지금의 체코와 슬로바키아)와 세르비아의 슬라브인들에게 기독교를 전도했다. 그들을 '슬라브족의 사도'라고 부르지만 전도에서는 큰 성공을 거두지 못했던 것 같다. 그러나 그들은 러시아어 문자의 원형을 만들어 냄으로써 기독교 전도에 못지않은 업적을 남겼다. 그들이 성서와 전례서를 남슬라브어로 번역하고 표기하기 위해 그리스어의 알파벳을 변용해 만들어 낸 문자가 오늘날의 러시아어로 발전했다.

러시아어를 사용할 수 있었기 때문에 러시아교회는 독립성을 상당히 확보할 수 있었는데, 그것은 러시아 역사와 관련해 두 가지 중요한 의미를 갖는다. 우선 하나는 러시아인들이 그들의 고유한 문화를 더 쉽게 보전하고 발전시켜 갈 수 있었다는 것이다. 그리스어를 쓰도록 강요받아 러시아교회가 비잔틴교회에 강하게 예속되었을 경우와 비교해 보면 그 점은 쉽게 이해할 수 있을 것이다. 러시아인들은 오늘날 자신들이 세계 중심에 있다고 자부한다. 하지만 비잔틴교회가 그리스어를 강요하고, 그로 인해 러시아교회의 독자성이 제약받았을 경우 러시아인들의 민족적 긍지는 많이 손상 받았을 것이다.

러시아어를 사용하도록 허용한 것이 러시아에 끼친 또 다른 영향은, 역사가들이 특히 강조하는 것으로, 러시아가 그리스문화의 진수를 접하지 못했다는 점이다. 말하자면 러시아어 성경을 읽고 러시아어로 예배를 볼 수 있었기 때문에 러시아인들은 반드시 그리스어를 잘할 필요가 없었고, 따라서 러시아인들은 그리스 학문과 사상의 진수를 많이 흡수하지 못했다는 것이다. 요컨대 러시아어를 허용한 것은, 결과적으로 러시아가 고대와 중세의 수준 높은 그리스문화를 접하지 못해서 학문과 예술을 창조하는 데 나쁜 영향을 주었다는 것이다. 사실 러시아인들이 그리스어에 능숙하지 않을 경우 플라톤이나 아리스토텔레스 사상의 진수를 받아들이는 데는 한계가 있을 것이다.

러시아가 기독교로 개종한 것과 관련한 또 다른 논쟁점은, 로마 가톨릭교로 개종했을 경우와는 달리 그리스정교로 개종한 것이 러시아를 문화 후진사회로 이끌었다는 것이다. 19세기에 한 무리의 러시아 학자들은, 그리스정교로 개종한 것은 러시아를 서유럽의 지식과 정신의 원천인 로마와 단절하게 만들어 러시아가 지식의 불모 상태를 벗어나지 못하게 했다고 주장했다. 다시 말하면, 로마 가톨릭교가 아니라 그리스정교로 개종함으로써 러시아는 서유럽과 멀어졌고, 그로 인해 문화의 후진성을 벗어나지 못하게 되었다는 것이다.

물론 모든 학자들이 이와 같은 논쟁에 동의하는 것은 아니다. 비판자들에 따르면, 그리스정교는 러시아인이 수준 높은 지식문화와 정신문화를 창조하고 러시아가 갖고 있는 장점을 찾아 낼 수 있게 했다는 것이다. 이 논쟁과 관련해 우리는 당시 비잔티움이 수준 높은 지식 문화를 자랑하고 있었다는 사실과 문화의 발전을 특정 요소의 영향에만 한정해 설명하는 것은 위험하다는 사실을 염두에 두어야 할 것이다.

주

1) 이 책에서는 7세기 이전의 비잔틴제국 황제는 라틴어로 표기하고, 7세기 이후의 황제들은 그리스어로 표기한다.
2) Daniel D. McGarry, *Medieval History and Civilization*, London, 1976, p.120 재인용.
3) McGarry, *Medieval History and Civilization*, p.121 재인용.
4) 선신善神 아후라 마즈다가 악신惡神 아리만과 싸워 최후의 승자가 된다고 믿은 이원론적 종교로 태양이나 별과 함께 불이 선신을 상징한다고 여겨 불을 숭배한 종교로 배화교라고도 한다.
5) Georg Ostrogorsky, *Byzantinische Geschichte 324~1453*. (한정숙 김경연 옮김, 『비잔티움제국사』, 까치, 1999) p.235.
6) W. K. Ferguson, *Europe in Transtiton 1300~1520*, Boston, 1962, pp.444-457.
7) Cf. 시오노 나나미, 정도영 옮김, 『바다의 도시 이야기』(하), 한길사, 1996, 40-41쪽.; 한정숙 김경연 옮김, 『비잔티움제국사』, 468-470쪽.
8) C. Brinton J. B. Christopher R. L. Wolf, *A History of Civilization*. (梁秉祐 외 共譯, 『世界文化史』(상), 乙酉文化史, 1967) pp.568-569.
9) McGarry, *Medieval History and Civilization*, pp. 129-131 재인용.
10) Cf. W. Ullmann, *Medieval Foundations of Renaissance Humanism*, London, 1977, pp.49-51; P. O. Kristeller, *Renaissance Thought*, New York, 1961, pp.12-13; *Encyclopaedia Britannica*, 1970, vol. 19.
11) Cf. 梁秉祐 외 共譯, 『世界文化史』(上), 339쪽; 한정숙 김경연 옮김, 『비잔티움제국사 324~1453』, 164쪽.
12) 梁秉祐 외 共譯, 『世界文化史』(上), 369-370쪽 재인용.

프랑스엔 〈크세주〉, 일본엔 〈이와나미 문고〉, 한국에는 〈살림지식총서〉가 있습니다.

전자책 | 큰글자 | 오디오북

001 미국의 좌파와 우파 | 이주영
002 미국의 정체성 | 김형인
003 마이너리티 역사 | 손영호
004 두 얼굴을 가진 하나님 | 김형인
005 MD | 정욱식
006 반미 | 김진웅
007 영화로 보는 미국 | 김성곤
008 미국 뒤집어보기 | 장석정
009 미국 문화지도 | 장석정
010 미국 메모랜덤 | 최성일
011 위대한 어머니 여신 | 장영란
012 변신이야기 | 김선자
013 인도신화의 계보 | 류경희
014 축제인류학 | 류정아
015 오리엔탈리즘의 역사 | 정진농
016 이슬람 문화 | 이희수
017 살롱문화 | 서정복
018 추리소설의 세계 | 정규웅
019 애니메이션의 장르와 역사 | 이용배
020 문신의 역사 | 조현설
021 색채의 상징, 색채의 심리 | 박영수
022 인체의 신비 | 이성주
023 생물학무기 | 배우철
024 이 땅에서 우리말로 철학하기 | 이기상
025 중세는 정말 암흑기였나 | 이경재
026 미셸 푸코 | 양운덕
027 포스트모더니즘에 대한 성찰 | 신승환
028 조폭의 계보 | 방성수
029 성스러움과 폭력 | 류성민
030 성상 파괴주의와 성상 옹호주의 | 진형준
031 UFO학 | 성시정
032 최면의 세계 | 설기문
033 천문학 탐구자들 | 이면우
034 블랙홀 | 이충환
035 법의학의 세계 | 이윤성
036 양자 컴퓨터 | 이순칠
037 마피아의 계보 | 안혁
038 헬레니즘 | 윤진
039 유대인 | 정성호
040 M. 엘리아데 | 정진홍
041 한국교회의 역사 | 서정민
042 야웨와 바알 | 김남일
043 캐리커처의 역사 | 박창석
044 한국 액션영화 | 오승욱
045 한국 문예영화 이야기 | 김남석
046 포켓몬 마스터 되기 | 김윤아
047 판타지 | 송태현
048 르 몽드 | 최연구
049 그리스 사유의 기원 | 김재홍
050 영혼론 입문 | 이정우
051 알베르 카뮈 | 유기환
052 프란츠 카프카 | 편영수
053 버지니아 울프 | 김희정
054 재즈 | 최규용
055 뉴에이지 음악 | 양한수
056 중국의 고구려사 왜곡 | 최광식
057 중국의 정체성 | 강준영
058 중국의 문화코드 | 강진석
059 중국사상의 뿌리 | 장현근
060 화교 | 정성호
061 중국인의 금기 | 장범성
062 무협 | 문현선
063 중국영화 이야기 | 임대근
064 경극 | 송철규
065 중국적 사유의 원형 | 박정근
066 수도원의 역사 | 최형걸
067 현대 신학 이야기 | 박만
068 요가 | 류경희
069 성공학의 역사 | 정해윤
070 진정한 프로는 변화가 즐겁다 | 김학선
071 외국인 직접투자 | 송의달
072 지식의 성장 | 이한구
073 사랑의 철학 | 이정은
074 유교문화와 여성 | 김미영
075 매체 정보란 무엇인가 | 구연상
076 피에르 부르디외와 한국사회 | 홍성민
077 21세기 한국의 문화혁명 | 이정덕
078 사건으로 보는 한국의 정치변동 | 양길현
079 미국을 만든 사상들 | 정경희
080 한반도 시나리오 | 정욱식
081 미국인의 발견 | 우수근
082 미국의 거장들 | 김홍국
083 법으로 보는 미국 | 채동배
084 미국 여성사 | 이창신
085 책과 세계 | 강유원
086 유럽왕실의 탄생 | 김현수
087 박물관의 탄생 | 전진성
088 절대왕정의 탄생 | 임승휘
089 커피 이야기 | 김성윤
090 축구의 문화사 | 이은호
091 세기의 사랑 이야기 | 안재필
092 반연극의 계보와 미학 | 임준서

093 한국의 연출가들 | 김남석 📖
094 동아시아의 공연예술 | 서연호
095 사이코드라마 | 김정일
096 철학으로 보는 문화 | 신응철 📖
097 장 폴 사르트르 | 변광배 📖
098 프랑스 문화와 상상력 | 박기현 📖
099 아브라함의 종교 | 공일주 📖
100 여행 이야기 | 이진홍 📖🔍
101 아테네 | 장영란 📖🔍
102 로마 | 한형곤 📖
103 이스탄불 | 이희수 📖
104 예루살렘 | 최창모 📖
105 상트 페테르부르크 | 방일권 📖
106 하이델베르크 | 곽병휴 📖
107 파리 | 김복래 📖
108 바르샤바 | 최건영 📖
109 부에노스아이레스 | 고부안 📖
110 멕시코 시티 | 정혜주 📖
111 나이로비 | 양철준 📖
112 고대 올림픽의 세계 | 김복희 📖
113 종교와 스포츠 | 이창익 📖
114 그리스 미술 이야기 | 노성두 📖
115 그리스 문명 | 최혜영 📖🔍
116 그리스와 로마 | 김덕수 📖
117 알렉산드로스 | 조현미 📖
118 고대 그리스의 시인들 | 김헌 📖
119 올림픽의 숨은 이야기 | 장원재 📖
120 장르 만화의 세계 | 박인하 📖
121 성공의 길은 내 안에 있다 | 이숙영 📖🔍
122 모든 것을 고객중심으로 바꿔라 | 안상헌 📖
123 중세와 토마스 아퀴나스 | 박주영 📖🔍
124 우주 개발의 숨은 이야기 | 정홍철 📖
125 나노 | 이영희 📖
126 초끈이론 | 박재모 · 현승준 📖
127 안토니 가우디 | 손세관 📖🔍
128 프랭크 로이드 라이트 | 서수경 📖
129 프랭크 게리 | 이일형
130 리차드 마이어 | 이성훈 📖
131 안도 다다오 | 임채진 📖
132 색의 유혹 | 오수연
133 고객을 사로잡는 디자인 혁신 | 신언모
134 양주 이야기 | 김준철 📖🔍
135 주역과 운명 | 심의용 📖🔍
136 학계의 금기를 찾아서 | 강성민 📖🔍
137 미·중·일 새로운 패권전략 | 우수근 📖🔍
138 세계지도의 역사와 한반도의 발견 | 김상근 📖🔍
139 신용하 교수의 독도 이야기 | 신용하 🔍
140 간도는 누구의 땅인가 | 이성환 📖
141 말리노프스키의 문화인류학 | 김용환 📖
142 크리스마스 | 이영제
143 바로크 | 신정아 📖
144 페르시아 문화 | 신규섭 📖
145 패션과 명품 | 이재진 📖
146 프랑켄슈타인 | 장정희 📖

147 뱀파이어 연대기 | 한혜원 📖🔊
148 위대한 힙합 아티스트 | 김정훈 📖
149 살사 | 최명호
150 모던 걸, 여우 목도리를 버려라 | 김주리 📖
151 누가 하이카라 여성을 데리고 사누 | 김미지 📖
152 스위트 홈의 기원 | 백지혜 📖
153 대중적 감수성의 탄생 | 강심호 📖
154 에로 그로 넌센스 | 소래섭 📖
155 소리가 만들어낸 근대의 풍경 | 이승원 📖
156 서울은 어떻게 계획되었는가 | 염복규 📖🔍
157 부엌의 문화사 | 함한희 📖
158 칸트 | 최인숙 📖
159 사람은 왜 인정받고 싶어하나 | 이정은 📖🔍
160 지중해학 | 박상진 📖
161 동북아시아 비핵지대 | 이삼성 외
162 서양 배우의 역사 | 김정수
163 20세기의 위대한 연극인들 | 김미혜 📖
164 영화음악 | 박신영 📖
165 한국독립영화 | 김수남 📖
166 영화와 샤머니즘 | 이종승 📖
167 영화로 보는 불륜의 사회학 | 황혜진 📖
168 J.D. 샐린저와 호밀밭의 파수꾼 | 김성곤 📖
169 허브 이야기 | 조태동 · 송진희 📖🔍
170 프로레슬링 | 성민수 📖
171 프랑크푸르트 | 이기식 📖
172 바그다드 | 이동은 📖
173 아테네인, 스파르타인 | 윤진 📖
174 정치의 원형을 찾아서 | 최자영 📖
175 소르본 대학 | 서정복 📖
176 테마로 보는 서양미술 | 권용준 📖🔍
177 칼 마르크스 | 박영균
178 허버트 마르쿠제 | 손철성 📖
179 안토니오 그람시 | 김현우 📖
180 안토니오 네그리 | 윤수종 📖
181 박이문의 문학과 철학 이야기 | 박이문 📖🔍
182 상상력과 가스통 바슐라르 | 홍명희 📖
183 인간복제의 시대가 온다 | 김홍재
184 수소 혁명의 시대 | 김미선 📖
185 로봇 이야기 | 김문상 📖
186 일본의 정체성 | 김필동 📖🔍
187 일본의 서양문화 수용사 | 정하미 📖🔍
188 번역과 일본의 근대 | 최경옥 📖
189 전쟁국가 일본 | 이성환 📖
190 한국과 일본 | 하우봉 📖
191 일본 누드 문화사 | 최유경 📖
192 주신구라 | 이준섭
193 일본의 신사 | 박규태 📖
194 미야자키 하야오 | 김윤아 📖🔊
195 애니메이션으로 보는 일본 | 박규태 📖
196 디지털 에듀테인먼트 스토리텔링 | 강심호 📖
197 디지털 애니메이션 스토리텔링 | 배주영 📖
198 디지털 게임의 미학 | 전경란 📖
199 디지털 게임 스토리텔링 | 한혜원 📖
200 한국형 디지털 스토리텔링 | 이인화 📖

201 디지털 게임, 상상력의 새로운 영토 | 이정엽
202 프로이트와 종교 | 권수영
203 영화로 보는 태평양전쟁 | 이동훈
204 소리의 문화사 | 김토일
205 극장의 역사 | 임종엽
206 뮤지엄건축 | 서상우
207 한옥 | 박명덕
208 한국만화사 산책 | 손상익
209 만화 속 백수 이야기 | 김성훈
210 코믹스 만화의 세계 | 박석환
211 북한만화의 이해 | 김성훈·박소현
212 북한 애니메이션 | 이대연·김경임
213 만화로 보는 미국 | 김기홍
214 미셰룸의 세계 | 이재열
215 빛과 색 | 변종철
216 인공위성 | 장영근
217 문화콘텐츠란 무엇인가 | 최연구
218 고대 근동의 신화와 종교 | 강성열
219 신비주의 | 금인숙
220 십자군, 성전과 약탈의 역사 | 진원숙
221 종교개혁 이야기 | 이성덕
222 자살 | 이진홍
223 성, 그 억압과 진보의 역사 | 윤가현
224 아파트의 문화사 | 박철수
225 권오길 교수가 들려주는 생물의 섹스 이야기 | 권오길
226 동물행동학 | 임신재
227 한국 축구 발전사 | 김성원
228 월드컵의 위대한 전설들 | 서준형
229 월드컵의 강국들 | 심재희
230 스포츠마케팅의 세계 | 박찬혁
231 일본의 이중권력, 쇼군과 천황 | 다카시로 고이치
232 일본의 사소설 | 안영희
233 글로벌 매너 | 박한표
234 성공하는 중국 진출 가이드북 | 우수근
235 20대의 정체성 | 정성호
236 중년의 사회학 | 정성호
237 인권 | 차병직
238 헌법재판 이야기 | 오호택
239 프라하 | 김규진
240 부다페스트 | 김성진
241 보스턴 | 황선희
242 돈황 | 전인초
243 보들레르 | 이건수
244 돈 후안 | 정동섭
245 사르트르 참여문학론 | 변광배
246 문체론 | 이종오
247 올더스 헉슬리 | 김효원
248 탈식민주의에 대한 성찰 | 박종성
249 서양 무기의 역사 | 이내주
250 백화점의 문화사 | 김인호
251 초콜릿 이야기 | 정한진
252 향신료 이야기 | 정한진
253 프랑스 미식 기행 | 심순철
254 음식 이야기 | 윤진아

255 비틀스 | 고영탁
256 현대시와 불교 | 오세영
257 불교의 선악론 | 안옥선
258 질병의 사회사 | 신규환
259 와인의 문화사 | 고형욱
260 와인, 어떻게 즐길까 | 김준철
261 노블레스 오블리주 | 예종석
262 미국인의 탄생 | 김진웅
263 기독교의 교파 | 남병두
264 플로티노스 | 조규홍
265 아우구스티누스 | 박경숙
266 안셀무스 | 김영철
267 중국 종교의 역사 | 박종우
268 인도의 신화와 종교 | 정광흠
269 이라크의 역사 | 공일주
270 르 코르뷔지에 | 이관석
271 김수영, 혹은 시적 양심 | 이은정
272 의학사상사 | 여인석
273 서양의학의 역사 | 이재담
274 몸의 역사 | 강신익
275 인류를 구한 항균제들 | 예병일
276 전쟁의 판도를 바꾼 전염병 | 예병일
277 사상의학 바로 알기 | 장동민
278 조선의 명의들 | 김호
279 한국인의 관계심리학 | 권수영
280 모건의 가족 인류학 | 김용환
281 예수가 상상한 그리스도 | 김호경
282 사르트르와 보부아르의 계약결혼 | 변광배
283 초기 기독교 이야기 | 진원숙
284 동유럽의 민족 분쟁 | 김철민
285 비잔틴제국 | 진원숙
286 오스만제국 | 진원숙
287 별을 보는 사람들 | 조상호
288 한미 FTA 후 직업의 미래 | 김준성
289 구조주의와 그 이후 | 김종우
290 아도르노 | 이종하
291 프랑스 혁명 | 서정복
292 메이지유신 | 장인성
293 문화대혁명 | 백승욱
294 기생 이야기 | 신현규
295 에베레스트 | 김법모
296 빈 | 인성기
297 발트3국 | 서진석
298 아일랜드 | 한일동
299 이케다 하야토 | 권혁기
300 박정희 | 김성진
301 리콴유 | 김성진
302 덩샤오핑 | 박형기
303 마거릿 대처 | 박동운
304 로널드 레이건 | 김형곤
305 셰이크 모하메드 | 최진영
306 유엔사무총장 | 김정태
307 농구의 탄생 | 손대범
308 홍차 이야기 | 정은희

| 309 | 인도 불교사 | 김미숙 📖
| 310 | 아힌사 | 이정호
| 311 | 인도의 경전들 | 이재숙 📖
| 312 | 글로벌 리더 | 백형찬 🔍
| 313 | 탱고 | 배수경
| 314 | 미술경매 이야기 | 이규현 📖
| 315 | 달마와 그 제자들 | 우봉규 📖 🔍
| 316 | 화두와 좌선 | 김호귀 📖 🔍
| 317 | 대학의 역사 | 이광주 🔍
| 318 | 이슬람의 탄생 | 진원숙
| 319 | DNA분석과 과학수사 | 박기원 📖
| 320 | 대통령의 탄생 | 조지형 📖
| 321 | 대통령의 퇴임 이후 | 김형곤
| 322 | 미국의 대통령 선거 | 윤용희 📖
| 323 | 프랑스 대통령 이야기 | 최연구 📖
| 324 | 실용주의 | 이유선 📖
| 325 | 맥주의 세계 | 원융희 📖 🔊
| 326 | SF의 법칙 | 고장원
| 327 | 원효 | 김원명 📖
| 328 | 베이징 | 조창완 📖
| 329 | 상하이 | 김윤희 📖
| 330 | 홍콩 | 유영하 📖
| 331 | 중화경제의 리더들 | 박형기 📖 🔍
| 332 | 중국의 엘리트 | 주장환 📖
| 333 | 중국의 소수민족 | 정재남
| 334 | 중국을 이해하는 9가지 관점 | 우수근 📖 🔍 🔊
| 335 | 고대 페르시아의 역사 | 유흥태
| 336 | 이란의 역사 | 유흥태
| 337 | 에스파한 | 유흥태
| 338 | 번역이란 무엇인가 | 이향 📖
| 339 | 해체론 | 조규형
| 340 | 자크 라캉 | 김용수 📖
| 341 | 하지홍 교수의 개 이야기 | 하지홍 📖
| 342 | 다방과 카페, 모던보이의 아지트 | 장유정 📖
| 343 | 역사 속의 채식인 | 이광조 (절판)
| 344 | 보수와 진보의 정신분석 | 김용신 📖 🔍
| 345 | 저작권 | 김기태 📖
| 346 | 왜 그 음식은 먹지 않을까 | 정한진 📖 🔍 🔊
| 347 | 플라멩코 | 최명호
| 348 | 월트 디즈니 | 김지영 📖
| 349 | 빌 게이츠 | 김익현 📖
| 350 | 스티브 잡스 | 김상훈 📖 🔍
| 351 | 잭 웰치 | 하정필 📖
| 352 | 워렌 버핏 | 이민주
| 353 | 조지 소로스 | 김성진 📖
| 354 | 마쓰시타 고노스케 | 권혁기 📖 🔍
| 355 | 도요타 | 이우광 📖
| 356 | 기술의 역사 | 송성수 📖
| 357 | 미국의 총기 문화 | 손영호 📖
| 358 | 표트르 대제 | 박지배 📖
| 359 | 조지 워싱턴 | 김형곤 📖
| 360 | 나폴레옹 | 서정복 📖 🔊
| 361 | 비스마르크 | 김장수 📖
| 362 | 모택동 | 김승일 📖
| 363 | 러시아의 정체성 | 기연수 📖
| 364 | 너는 시방 위험한 로봇이다 | 오은 📖
| 365 | 발레리나를 꿈꾼 로봇 | 김선혁 📖
| 366 | 로봇 선생님 가라사대 | 안동근
| 367 | 로봇 디자인의 숨겨진 규칙 | 구신애 📖
| 368 | 로봇을 향한 열정, 일본 애니메이션 | 안병욱 📖
| 369 | 도스토예프스키 | 박영은 📖 🔊
| 370 | 플라톤의 교육 | 장영란 🔊
| 371 | 대공황 시대 | 양동휴
| 372 | 미래를 예측하는 힘 | 최연구 📖
| 373 | 꼭 알아야 하는 미래 질병 10가지 | 우정헌 📖 🔍 🔊
| 374 | 과학기술의 개척자들 | 송성수 📖
| 375 | 레이첼 카슨과 침묵의 봄 | 김재호 📖
| 376 | 좋은 문장 나쁜 문장 | 송준호 📖 🔍
| 377 | 바울 | 김호경 📖
| 378 | 테킬라 이야기 | 최명호 📖
| 379 | 어떻게 일본 과학은 노벨상을 탔는가 | 김범성 📖 🔍
| 380 | 기후변화 이야기 | 이유진 📖 🔍
| 381 | 상송 | 전금주
| 382 | 이슬람 예술 | 전완경
| 383 | 페르시아의 종교 | 유흥태
| 384 | 삼위일체론 | 유해무 📖
| 385 | 이슬람 율법 | 공일주
| 386 | 금강경 | 곽철환 📖
| 387 | 루이스 칸 | 김낙중 · 정태용 📖
| 388 | 톰 웨이츠 | 신주현 📖
| 389 | 위대한 여성 과학자들 | 송성수 📖
| 390 | 법원 이야기 | 오호택 📖
| 391 | 명예훼손이란 무엇인가 | 안상운 📖 🔍
| 392 | 사법권의 독립 | 조지형 📖
| 393 | 피해자학 강의 | 장규원 📖
| 394 | 정보공개란 무엇인가 | 안상운 📖
| 395 | 적정기술이란 무엇인가 | 김정태 · 홍성욱 📖
| 396 | 치명적인 금융위기, 왜 유독 대한민국인가 | 오형규 📖 🔍
| 397 | 지방자치단체, 돈이 새고 있다 | 최인욱 📖
| 398 | 스마트 위험사회가 온다 | 민경식 📖
| 399 | 한반도 대재난, 대책은 있는가 | 이정직 📖
| 400 | 불안사회 대한민국, 복지가 해답인가 | 신광영 📖 🔍
| 401 | 21세기 대한민국 대외전략 | 김기수 📖
| 402 | 보이지 않는 위협, 종북주의 | 류현수 📖
| 403 | 우리 헌법 이야기 | 오호택 📖 🔍
| 404 | 핵심 중국어 간체자(簡體字) | 김현정 🔍
| 405 | 문화생활과 문화주택 | 김용범 📖
| 406 | 미래주거의 대안 | 김세용 · 이재준
| 407 | 개방과 폐쇄의 딜레마, 북한의 이중적 경제 | 남성욱·정유석 📖
| 408 | 연극과 영화를 통해 본 북한 사회 | 민병욱
| 409 | 먹기 위한 개방, 살기 위한 핵외교 | 김계동 📖
| 410 | 북한 정권 붕괴 가능성과 대비 | 전경주 📖
| 411 | 북한을 움직이는 힘, 군부의 패권경쟁 | 이영훈 📖
| 412 | 인민의 천국에서 벌어지는 인권유린 | 허만호 📖
| 413 | 성공을 이끄는 마케팅 법칙 | 추성엽 📖
| 414 | 커피로 알아보는 마케팅 베이직 | 김민주 📖
| 415 | 쓰나미의 과학 | 이호준 📖
| 416 | 20세기를 빛낸 극작가 20인 | 백승무 📖

417	20세기의 위대한 지휘자 | 김문경	471	논리적 글쓰기 | 여세주
418	20세기의 위대한 피아니스트 | 노태헌	472	디지털 시대의 글쓰기 | 이강룡
419	뮤지컬의 이해 | 이동섭	473	NLL을 말하다 | 이상철
420	위대한 도서관 건축 순례 | 최정태	474	뇌의 비밀 | 서유헌
421	아름다운 도서관 오디세이 | 최정태	475	버트런드 러셀 | 박병철
422	롤링 스톤즈 | 김기범	476	에드문트 후설 | 박인철
423	서양 건축과 실내디자인의 역사 | 천진희	477	공간 해석의 지혜, 풍수 | 이지형
424	서양 가구의 역사 | 공혜원	478	이야기 동양철학사 | 강성률
425	비주얼 머천다이징&디스플레이 디자인 | 강희수	479	이야기 서양철학사 | 강성률
426	호감의 법칙 | 김경호	480	독일 계몽주의의 유학적 기초 | 전홍석
427	시대의 지성, 노암 촘스키 | 임기대	481	우리말 한자 바로쓰기 | 안광희
428	역사로 본 중국음식 | 신계숙	482	유머의 기술 | 이상훈
429	일본요리의 역사 | 박병학	483	관상 | 이태룡
430	한국의 음식문화 | 도현신	484	가상학 | 이태룡
431	프랑스 음식문화 | 민혜련	485	역경 | 이태룡
432	중국차 이야기 | 조은아	486	대한민국 대통령들의 한국경제 이야기 1 | 이장규
433	디저트 이야기 | 안호기	487	대한민국 대통령들의 한국경제 이야기 2 | 이장규
434	치즈 이야기 | 박승용	488	별자리 이야기 | 이형철 외
435	면(麵) 이야기 | 김한송	489	셜록 홈즈 | 김재성
436	막걸리 이야기 | 정은숙	490	역사를 움직인 중국 여성들 | 이양자
437	알렉산드리아 비블리오테카 | 남태우	491	중국 고전 이야기 | 문승용
438	개헌 이야기 | 오호택	492	발효 이야기 | 이미란
439	전통 명품의 보고, 규장각 | 신병주	493	이승만 평전 | 이주영
440	에로스의 예술, 발레 | 김도윤	494	미군정시대 이야기 | 차상철
441	소크라테스를 알라 | 장영란	495	한국전쟁사 | 이희진
442	소프트웨어가 세상을 지배한다 | 김재호	496	정전협정 | 조성훈
443	국제난민 이야기 | 김철민	497	북한 대남 침투도발사 | 이윤규
444	셰익스피어 그리고 인간 | 김도윤	498	수상 | 이태룡
445	명상이 경쟁력이다 | 김필수	499	성명학 | 이태룡
446	갈매나무의 시인 백석 | 이숭원	500	결혼 | 남정욱
447	브랜드를 알면 자동차가 보인다 | 김흥식	501	광고로 보는 근대문화사 | 김병희
448	파이온에서 힉스 입자까지 | 이강영	502	시조의 이해 | 임형선
449	알고 쓰는 화장품 | 구희연	503	일본인은 왜 속마음을 말하지 않을까 | 임영철
450	희망이 된 인문학 | 김호연	504	내 사랑 아다지오 | 양태조
451	한국 예술의 큰 별 동랑 유치진 | 백형찬	505	수프림 오페라 | 김도윤
452	경허와 그 제자들 | 우봉규	506	바그너의 이해 | 서정원
453	논어 | 윤홍식	507	원자력 이야기 | 이정익
454	장자 | 이기동	508	이스라엘과 창조경제 | 정성호
455	맹자 | 장현근	509	한국 사회 빈부의식은 어떻게 변했는가 | 김용신
456	관자 | 신창호	510	요하문명과 한반도 | 우실하
457	순자 | 윤무학	511	고조선왕조실록 | 이희진
458	미사일 이야기 | 박준복	512	고구려조선왕조실록 1 | 이희진
459	사주(四柱) 이야기 | 이지형	513	고구려조선왕조실록 2 | 이희진
460	영화로 보는 로큰롤 | 김기범	514	백제왕조실록 1 | 이희진
461	비타민 이야기 | 김정환	515	백제왕조실록 2 | 이희진
462	장군 이순신 | 도현신	516	신라왕조실록 1 | 이희진
463	전쟁의 심리학 | 이윤규	517	신라왕조실록 2 | 이희진
464	미국의 장군들 | 여영무	518	신라왕조실록 3 | 이희진
465	첨단무기의 세계 | 양낙규	519	가야왕조실록 | 이희진
466	한국무기의 역사 | 이내주	520	발해왕조실록 | 구난희
467	노자 | 임헌규	521	고려왕조실록 1 (근간)
468	한비자 | 윤찬원	522	고려왕조실록 2 (근간)
469	묵자 | 박문현	523	조선왕조실록 1 | 이성무
470	나는 누구인가 | 김용신	524	조선왕조실록 2 | 이성무

525 조선왕조실록 3 | 이성무 📖
526 조선왕조실록 4 | 이성무 📖
527 조선왕조실록 5 | 이성무 📖
528 조선왕조실록 6 | 편집부 📖
529 정한론 | 이기용
530 청일전쟁 | 이성환
531 러일전쟁 | 이성환
532 이슬람 전쟁사 | 진원숙 📖
533 소주이야기 | 이지형 📖
534 북한 남침 이후 3일간, 이승만 대통령의 행적 | 남정옥 📖
535 제주 신화 1 | 이석범
536 제주 신화 2 | 이석범
537 제주 전설 1 | 이석범 (절판)
538 제주 전설 2 | 이석범 (절판)
539 제주 전설 3 | 이석범 (절판)
540 제주 전설 4 | 이석범 (절판)
541 제주 전설 5 | 이석범 (절판)
542 제주 민담 | 이석범
543 서양의 명장 | 박기련 📖
544 동양의 명장 | 박기련 📖
545 루소, 교육을 말하다 | 고봉만·황성원 📖
546 철학으로 본 앙트러프러너십 | 전인수 📖
547 예술과 앙트러프러너십 | 조명계 📖
548 예술마케팅 | 전인수 📖
549 비즈니스상상력 | 전인수 📖
550 개념설계의 시대 | 전인수 📖
551 미국 독립전쟁 | 김형곤 📖
552 미국 남북전쟁 | 김형곤 📖
553 초기불교 이야기 | 곽철환 📖
554 한국가톨릭의 역사 | 서정민 📖
555 시아 이슬람 | 유흥태
556 스토리텔링에서 스토리두잉으로 | 윤주 📖
557 백세시대의 지혜 | 신현동 📖
558 구보 씨가 살아온 한국 사회 | 김병희 📖
559 정부광고로 보는 일상생활사 | 김병희
560 정부광고의 국민계몽 캠페인 | 김병희
561 도시재생이야기 | 윤주 📖 🔍
562 한국의 핵무장 | 김재엽 📖
563 고구려 비문의 비밀 | 정호섭
564 비슷하면서도 다른 한중문화 | 장범성 📖
565 급변하는 현대 중국의 일상 | 장시,리우린,장범성
566 중국의 한국 유학생들 | 왕링윈, 장범성
567 밥 딜런 그의 나라에는 누가 사는가 | 오민석 📖
568 언론으로 본 정부 정책의 변천 | 김병희
569 전통과 보수의 나라 영국 1—영국 역사 | 한일동 📖
570 전통과 보수의 나라 영국 2—영국 문화 | 한일동 📖
571 전통과 보수의 나라 영국 3—영국 현대 | 김언조 📖
572 제1차 세계대전 | 윤형호
573 제2차 세계대전 | 윤형호
574 라벨로 보는 프랑스 포도주의 이해 | 전경준
575 미셸 푸코, 말과 사물 | 이규현
576 프로이트, 꿈의 해석 | 김석
577 왜 5왕 | 홍성화
578 소가씨 4대 | 나행주
579 미나모토 요리토모 | 남기학
580 도요토미 히데요시 | 이계황
581 요시다 쇼인 | 이희복
582 시부사와 에이이치 | 양의모
583 이토 히로부미 | 방광석
584 메이지 천황 | 박진우
585 하라 다카시 | 김영숙
586 히라쓰카 라이초 | 정애영
587 고노에 후미마로 | 김봉식
588 모방이론으로 본 시장경제 | 김진식
589 보들레르의 풍자적 현대문명 비판 | 이건수 📖
590 원시유교 | 한성구
591 도가 | 김대근
592 춘추전국시대의 고민 | 김현주 📖
593 사회계약론 | 오수웅

비잔틴제국 천년의 명암

펴낸날	초판 1쇄 2007년 4월 30일
	초판 4쇄 2021년 9월 24일
지은이	진원숙
펴낸이	심만수
펴낸곳	(주)살림출판사
출판등록	1989년 11월 1일 제9-210호
주소	경기도 파주시 광인사길 30
전화	031-955-1350 팩스 031-624-1356
홈페이지	http://www.sallimbooks.com
이메일	book@sallimbooks.com
ISBN	978-89-522-0637-4 04080
	978-89-522-0096-9 04080(세트)

※ 값은 뒤표지에 있습니다.
※ 잘못 만들어진 책은 구입하신 서점에서 바꾸어 드립니다.

함께 읽으면 좋은 책

역사·문명

085 책과 세계

강유원(철학자)

책이라는 텍스트는 본래 세계라는 맥락에서 생겨났다. 인류가 남긴 고전의 중요성은 바로 우리가 가 볼 수 없는 세계를 글자라는 매개를 통해서 우리에게 생생하게 전해 주는 것이다. 이 책은 역사라는 시간과 지상이라고 하는 공간 속에 나타났던 텍스트를 통해 고전에 담겨진 사회와 사상을 드러내려 한다.

056 중국의 고구려사 왜곡 `eBook`

최광식(고려대 한국사학과 교수)

중국의 고구려사 왜곡의 숨은 의도와 논리, 그리고 우리의 대응 방안을 다뤘다. 저자는 동북공정이 국가 차원에서 진행되는 정치적 프로젝트임을 치밀하게 증언한다. 경제적 목적과 영토 확장의 이해관계 등이 복잡하게 얽혀 있는 동북공정의 진정한 배경에 대한 설명, 고구려의 역사적 정체성에 대한 문제, 고구려사 왜곡에 대한 우리의 대처방법 등이 소개된다.

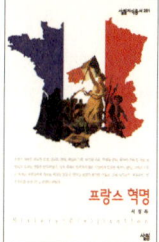

291 프랑스 혁명 `eBook`

서정복(충남대 사학과 교수)

프랑스 혁명은 시민혁명의 모델이자 근대 시민국가 탄생의 상징이지만, 그 실상을 아는 사람은 많지 않다. 프랑스 혁명이 바스티유 습격 이전에 이미 시작되었으며, 자유와 평등 그리고 공화정의 꽃을 피기 위해 너무 많은 피를 흘렸고, 혁명의 과정에서 해방과 공포가 엇갈리고 있었다는 등의 이야기를 통해 프랑스 혁명의 실상을 소개한다.

139 신용하 교수의 독도 이야기 `eBook`

신용하(백범학술원 원장)

사학계의 원로이자 독도 관련 연구의 대가인 신용하 교수가 일본의 독도 영토 편입문제를 걱정하며 일반 독자가 읽기 쉽게 쓴 책. 저자는 역사적으로나 국제법상으로 실효적 점유상으로나, 어느 측면에서 보아도 독도는 명백하게 우리 땅이라고 주장하며 여러 가지 역사적인 자료를 제시한다.

역사·문명

144 페르시아 문화

eBook

신규섭(한국외대 연구교수)

인류 최초 문명의 뿌리에서 뻗어 나와 아랍을 넘어 중국, 인도와 파키스탄, 심지어 그리스에까지 흔적을 남긴 페르시아 문화에 대한 개론서. 이 책은 오랫동안 베일에 가려 있던 페르시아 문명을 소개하여 이슬람에 대한 편견과 오해를 바로 잡는다. 이태백이 이란계였다는 사실, 돈황과 서역, 이란의 현대 문화 등이 서술된다.

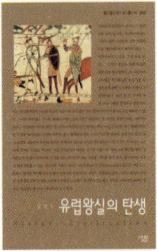

086 유럽왕실의 탄생

김현수(단국대 역사학과 교수)

인류에게 '예술과 문명' 그리고 '근대와 국가'라는 개념을 선사한 유럽왕실. 유럽왕실의 탄생배경과 그 정체성은 무엇인가? 이 책은 게르만의 한 종족인 프랑크족과 메로빙거 왕조, 프랑스의 카페 왕조, 독일의 작센 왕조, 잉글랜드의 웨섹스 왕조 등 수많은 왕조의 출현과 쇠퇴를 통해 유럽 역사의 변천을 소개한다.

016 이슬람 문화

이희수(한양대 문화인류학과 교수)

이슬람교와 무슬림의 삶, 테러와 팔레스타인 문제 등 이슬람 문화 전반을 다룬 책. 저자는 그들의 멋과 가치관을 흥미롭게 설명하면서 한편으로 오해와 편견에 사로잡혀 있던 시각의 일대 전환을 요구한다. 이슬람교와 기독교의 관계, 무슬림의 삶과 낭만, 이슬람 원리주의와 지하드의 실상, 팔레스타인 분할 과정 등의 내용이 소개된다.

100 여행 이야기

eBook

이진홍(한국외대 강사)

이 책은 여행의 본질 위를 '길거리의 철학자'처럼 편안하게 소요한다. 먼저 여행의 역사를 더듬어 봄으로써 여행이 어떻게 인류 역사의 형성과 같이해 왔는지를 생각하고, 다음으로 여행의 사회학적·심리학적 의미를 추적함으로써 여행에 어떤 의미를 부여할 것인가에 대해 말한다. 또한 우리의 내면과 여행의 관계 정의를 시도한다.

역사·문명

293 문화대혁명 중국 현대사의 트라우마   eBook

백승욱(중앙대 사회학과 교수)

중국의 문화대혁명은 한두 줄의 정부 공식 입장을 통해 정리될 수 없는 중대한 사건이다. 20세기 중국의 모든 모순은 사실 문화대혁명 시기에 집약되어 있다고 해도 과언이 아니다. 사회주의 시기의 국가·당·대중의 모순이라는 문제의 복판에서 문화대혁명을 다시 읽을 필요가 있는 지금, 이 책은 문화대혁명에 대한 안내자가 될 것이다.

174 정치의 원형을 찾아서   eBook

최자영(부산외국어대학교 HK교수)

인류가 걸어온 모든 정치체제들을 매우 짧은 기간 동안 시험하고 정비한 나라, 그리스. 이 책은 과두정, 민주정, 참주정 등 고대 그리스의 정치사를 추적하고, 정치가들의 파란만장한 일화 등을 소개하고 있다. 특히 이 책의 저자는 아테네인들이 추구했던 정치방법이 오늘 우리 사회가 당면한 문제를 해결할 수 있는 지혜의 발견에 도움을 줄 수 있을 것이라고 말한다.

420 위대한 도서관 건축순례   eBook

최정태(부산대학교 명예교수)

이 책은 도서관의 건축을 중심으로 다룬 일종의 기행문이다. 고대 도서관에서부터 21세기에 완공된 최첨단 도서관까지, 필자는 가능한 많은 도서관을 직접 찾아보려고 애썼다. 미처 방문하지 못한 도서관에 대해서는 문헌과 그림 등 가능한 많은 정보를 수집하려 노력했다. 필자의 단상들을 함께 읽는 동안 우리 사회에서 도서관이 차지하는 의미에 대해 다시 생각하게 된다.

421 아름다운 도서관 오디세이   eBook

최정태(부산대학교 명예교수)

이 책은 문헌정보학과에서 자료 조직을 공부하고 평생을 도서관에 몸담았던 흰 도서린 에친기의 고백이다. 필자는 퇴임 후 지금까지 도서관을 돌아다니면서 직접 보고 배운 것이 40여 년 동안 강단과 현장에서 보고 얻은 이야기보다 훨씬 많았다고 말한다. '세계 도서관 여행 가이드'라 불러도 손색없을 만큼 풍부하고 다채로운 내용이 이 한 권에 담겼다.

역사·문명

eBook 표시가 되어있는 도서는 전자책으로 구매가 가능합니다.

- 016 이슬람 문화 | 이희수
- 017 살롱문화 | 서정복
- 020 문신의 역사 | 조현설 eBook
- 038 헬레니즘 | 윤진 eBook
- 056 중국의 고구려사 왜곡 | 최광식 eBook
- 085 책과 세계 | 강유원
- 086 유럽왕실의 탄생 | 김현수
- 087 박물관의 탄생 | 전진성
- 088 절대왕정의 탄생 | 임승휘 eBook
- 100 여행 이야기 | 이진홍
- 101 아테네 | 장영란 eBook
- 102 로마 | 한형곤
- 103 이스탄불 | 이희수
- 104 예루살렘 | 최창모
- 105 상트 페테르부르크 | 방일권 eBook
- 106 하이델베르크 | 곽병휴 eBook
- 107 파리 | 김복래 eBook
- 108 바르샤바 | 최건영
- 109 부에노스아이레스 | 고부안 eBook
- 110 멕시코 시티 | 정혜주
- 111 나이로비 | 양철준
- 112 고대 올림픽의 세계 | 김복희 eBook
- 113 종교와 스포츠 | 이창익
- 115 그리스 문명 | 최혜영
- 116 그리스와 로마 | 김덕수
- 117 알렉산드로스 | 조현미
- 138 세계지도의 역사와 한반도의 발견 | 김상근
- 139 신용하 교수의 독도 이야기 | 신용하
- 140 간도는 누구의 땅인가 | 이성환 eBook
- 143 바로크 | 신정아 eBook
- 144 페르시아 문화 | 신규섭
- 150 모던 걸, 여우 목도리를 버려라 | 김주리
- 151 누가 하이카라 여성을 데리고 사누 | 김미지
- 152 스위트 홈의 기원 | 백지혜 eBook
- 153 대중적 감수성의 탄생 | 강심호 eBook
- 154 에로 그로 넌센스 | 소래섭
- 155 소리가 만들어낸 근대의 풍경 | 이승원 eBook
- 156 서울은 어떻게 계획되었는가 | 염복규 eBook
- 157 부엌의 문화사 | 함한희
- 171 프랑크푸르트 | 이기식
- 172 바그다드 | 이동은
- 173 아테네인, 스파르타인 | 윤진 eBook
- 174 정치의 원형을 찾아서 | 최자영 eBook
- 175 소르본 대학 | 서정복 eBook
- 187 일본의 서양문화 수용사 | 정하미
- 188 번역과 일본의 근대 | 최경옥
- 189 전쟁국가 일본 | 이성환
- 191 일본 누드 문화사 | 최유경
- 192 주신구라 | 이준섭
- 193 일본의 신사 | 박규태 eBook
- 220 십자군, 성전과 약탈의 역사 | 진원숙
- 239 프라하 | 김규진
- 240 부다페스트 | 김성진 eBook
- 241 보스턴 | 황선희
- 242 돈황 | 전인초
- 249 서양 무기의 역사 | 이내주
- 250 백화점의 문화사 | 김인호
- 251 초콜릿 이야기 | 정한진
- 252 향신료 이야기 | 정한진
- 259 와인의 문화사 | 고형욱
- 269 이라크의 역사 | 공일주
- 283 초기 기독교 이야기 | 진원숙
- 285 비잔티제국 | 진원숙
- 286 오스만제국 | 진원숙
- 291 프랑스 혁명 | 서정복 eBook
- 292 메이지유신 | 장인성
- 293 문화대혁명 | 백승욱 eBook
- 294 기생 이야기 | 신현규 eBook
- 295 에베레스트 | 김법모 eBook
- 296 빈 | 인성기 eBook
- 297 발트3국 | 서진석 eBook
- 298 아일랜드 | 한일동
- 308 홍차 이야기 | 정은희 eBook
- 317 대학의 역사 | 이광주
- 318 이슬람의 탄생 | 진원숙
- 335 고대 페르시아의 역사 | 유흥태
- 336 이란의 역사 | 유흥태
- 337 에스파한 | 유흥태
- 342 다방과 카페, 모던보이의 아지트 | 장유정
- 343 역사 속의 채식인 | 이광조
- 371 대공황 시대 | 양동휴 eBook
- 420 위대한 도서관 건축순례 | 최정태 eBook
- 421 아름다운 도서관 오디세이 | 최정태 eBook
- 423 서양 건축과 실내 디자인의 역사 | 천진희
- 424 서양 가구의 역사 | 공혜원 eBook
- 437 알렉산드리아 비블리오테카 | 남태우 eBook
- 439 전통 명품의 보고, 규장각 | 신병주 eBook
- 443 국제난민 이야기 | 김철민 eBook
- 462 장군 이순신 | 도현신
- 463 전쟁의 심리학 | 이윤규
- 466 한국무기의 역사 | 이내주
- 486 대한민국 대통령들의 한국경제 이야기 1 | 이장규 eBook
- 487 대한민국 대통령들의 한국경제 이야기 2 | 이장규 eBook
- 490 역사를 움직인 중국 여성들 | 이양자
- 493 이승만 평전 | 이주영 eBook
- 494 미군정시대 이야기 | 차상철 eBook
- 495 한국전쟁사 | 이희진 eBook
- 496 정전협정 | 조성훈 eBook
- 497 북한 대남침투도발사 | 이윤규 eBook
- 510 요하 문명(근간)
- 511 고조선왕조실록(근간)
- 512 고구려왕조실록 1(근간)
- 513 고구려왕조실록 2(근간)
- 514 백제왕조실록 1(근간)
- 515 백제왕조실록 2(근간)
- 516 신라왕조실록 1(근간)
- 517 신라왕조실록 2(근간)
- 518 신라왕조실록 3(근간)
- 519 가야왕조실록(근간)
- 520 발해왕조실록(근간)
- 521 고려왕조실록 1(근간)
- 522 고려왕조실록 2(근간)
- 523 조선왕조실록 1 | 이성무 eBook
- 524 조선왕조실록 2 | 이성무 eBook
- 525 조선왕조실록 3 | 이성무 eBook
- 526 조선왕조실록 4 | 이성무 eBook
- 527 조선왕조실록 5 | 이성무 eBook
- 528 조선왕조실록 6 | 편집부

(주)살림출판사
www.sallimbooks.com
주소 경기도 파주시 문발동 522-1 | 전화 031-955-1350 | 팩스 031-955-1355